Partant pour la

CW00673730

Pierre La Mazière

Alpha Editions

This edition published in 2023

ISBN : 9789357962056

Design and Setting By
Alpha Editions
www.alphaedis.com
Email - info@alphaedis.com

Contents

I
Partant pour la Syrie…

Dans la semaine qui précéda mon départ pour la Syrie, je rencontrai maints amis à qui j'annonçai le voyage que j'allais entreprendre. Presque tous me chantèrent les deux premiers vers de la Romance de la reine Hortense. Un érudit me donna même le plaisir d'entendre, pour la première fois, le couplet tout entier.

J'admirai que chacun parût si renseigné sur ce pays. Et j'étais fort confus de le connaître si peu lorsque, ayant poussé mes interlocuteurs, non certes pour les éprouver, mais dans le dessein de m'instruire, je discernai que leur documentation tenait dans un couplet, un fragment de couplet, que leur savoir commençait par une chanson et finissait avec elle.

Mieux : un homme d'importance supposant, sans doute, qu'il fût possible d'aller de Paris au pays des dieux en wagon-lit, me demanda si j'entendais voyager par terre ou par mer et, à la banque où je me présentai afin d'y prendre une lettre de crédit, on me remit une pièce établie à l'adresse d'un certain M. X…, Beyrouth, Turquie d'Asie !

Du coup, je me trouvai beaucoup moins honteux de mon ignorance et je partis d'un cœur léger à la conquête d'une science qui faisait autant défaut à mes compatriotes qu'à moi-même.

Pour eux, comme pour moi alors, comme pour les quatre cinquièmes des Français, la Syrie est un pays situé quelque part, dans le monde…, un pays où nous nous sommes installés après la guerre, et qui n'est ni une colonie, ni un protectorat, où nous nous débattons au milieu de très graves difficultés, où, enfin, des soldats français sont morts on ne sait trop comment ni pourquoi.

C'est tout… C'est peu.

Comment ! Voilà six ans que nous avons accepté d'exercer un mandat sur la Syrie, six ans que nous envoyons dans ce pays Hauts Commissaires, administrateurs, fonctionnaires de tous ordres, généraux, officiers et soldats ; que, si pauvres, nous y dépensons des sommes énormes et personne, ou presque, ne le connaît, ne sait exactement où il est situé, ce qui s'y passe, ce que nous y faisons, ce que nous espérons y faire… et l'une des plus grandes administrations françaises ignore encore qu'il fut détaché de l'ancien Empire ottoman.

Beyrouth, Turquie d'Asie !

*

* *

Pour que notre curiosité soit éveillée, pour que nous nous souciions de cette terre lointaine, il faut qu'une catastrophe s'y produise, qu'un général y inscrive une défaite sur nos drapeaux, que des enfants de chez nous y soient massacrés.

Alors, on s'émeut. Les feuilles publient quelques dépêches, quelques articles. Un débat désordonné s'ouvre devant le parlement. Puis les esprits se calment. Et nul ne songe plus à la Syrie.

Pourtant, au fond du bassin de la Méditerranée orientale, au-delà d'une longue côte découpée, battue des flots, jalonnée de villes et de vestiges de cités qui, jadis, brillèrent d'un éclat incomparable, s'étend une région faisant pour nous l'objet d'une entreprise qui, si nous avions été heureux et habiles, eût pu nous valoir de considérables avantages et dans laquelle, si nous continuons à accumuler les erreurs et les fautes, nous risquons de perdre une partie de notre prestige déjà si entamé.

Territoires immenses, plus riches de souvenirs historiques, de souvenirs religieux et de légendes que tous autres au monde ; territoires offrant les plus belles possibilités au commerce, à l'industrie, à l'agriculture, à l'élevage, mais présentement ruinés, bouleversés par la guerre, ses suites, la révolte, la répression, et dont les habitants, appartenant à dix races, à trente confessions, se déchirent entre eux, chaos véritable, telle apparaît cette Syrie sur laquelle nous nous sommes engagés à faire régner le calme, l'ordre, la prospérité et où, jusqu'ici, nous n'avons rencontré que déboires.

Pourquoi ?

Oh ! sans doute parce que nous y avons employé de mauvaises méthodes et envoyé des hommes qui, tous, n'étaient ni compétents, ni préparés à la tâche qu'on leur confiait.

Mais pour d'autres raisons encore : sur cette terre à la fois bénie et maudite, où se croisent toutes les routes d'Europe et d'Afrique vers l'Asie, où naquirent et périrent tant de civilisations, que désolèrent tant d'invasions, l'homme, plus que partout ailleurs, est loup pour l'homme.

Divisés jusqu'à l'infini en petits groupes ennemis, les Syriens, de confessions chrétienne, musulmane, druse, d'origines arabe, turque, arménienne, grecque, kurde, tcherkesse, font tous preuve du particularisme le plus étroit, le plus enfantin, rêvent tous d'asservir, sinon de détruire, ceux du groupe voisin.

Chacun réclame, exige un statut spécial qui lui assurera des privilèges que, d'ailleurs, rien ne justifie ; nul ne veut se soumettre à une règle générale, à une loi qui, pour être efficace et bienfaisante, doit être égale pour tous.

Prétend-on contraindre l'indigène à la subir ? Il crie à la persécution. Et ses clameurs sont si perçantes que le monde entier les entend.

Pour paradoxal que cela puisse paraître, il se complaît dans ce rôle d'éternel mécontent, d'éternel protestataire. Il ne désire rien tant que la prolongation d'une incertitude, d'une instabilité politique qu'il s'ingénie à entretenir en sollicitant avec force aujourd'hui tel statut qui, lui étant accordé, n'a plus aucune valeur à ses yeux, puisqu'il exige sans délai le retour à l'état de choses ancien contre lequel, demain, il recommencera de protester !...

La Syrie n'est-elle pas le pays où les dieux eux-mêmes furent le plus âprement discutés ?

Au surplus, n'est-elle pas restée l'objet de convoitise qu'elle fut au cours des siècles, et nos ennemis, peut-être surtout nos alliés, ne nous ont-ils pas vus, avec un amer regret, nous y installer ?...

Témoins des difficultés qu'à chaque pas nous y rencontrions, ils n'ont rien fait pour nous aider à les surmonter. Au contraire. Ils ont plus ou moins encouragé les mécontents, les ambitieux, tous ceux à qui pesait notre tutelle ou qui rêvaient de jouer un rôle politique que notre présence leur interdisait. Selon une formule connue, ils ont tout mis en œuvre « pour dégoûter la France de la Syrie et la Syrie de la France ».

Ont-ils réussi ? Pas encore complètement. C'est tout ce qu'on peut affirmer.

De notre côté, nous accumulions les fautes comme à plaisir. Alors que nous eussions dû, après avoir élaboré un plan politique administratif, économique et social, en confier l'exécution à des hommes fermes, au courant des choses de l'Orient et que nous eussions soutenus, maintenus longtemps à leurs postes où ils fussent restés sourds aux criailleries d'une population dont la turbulence et le goût pour l'intrigue sont connus, nous arrivâmes à Beyrouth sans programme[1].

[1] Et nous nous obstinons. S'embarquant à Marseille le 5 octobre, M. Henri Ponsot, *sixième* Haut-Commissaire de la République dans le Levant, ne déclarait-il pas à la Presse : « Je vais en Syrie sans avoir de programme défini » ?

La connaissance du pays manquait aux hommes chargés de nous y représenter. Ils faisaient empiriquement de la politique et de l'administration à la petite semaine, s'appuyaient tantôt sur un groupe, tantôt sur un autre et réussissaient à les mécontenter tous.

Pourtant, ils finissaient par se ressaisir et, au moment qu'ils allaient se libérer des tutelles qu'eux, tuteurs, ils avaient acceptées, et peut-être entreprendre de bonne besogne, on les remplaçait au gré des caprices, des surprises, des sautes de la politique intérieure française.

Tout était à recommencer !

Ah ! que n'avons-nous pris pour modèle l'Angleterre qui, elle aussi, exerce un mandat sur des provinces détachées, comme la Syrie, de l'ancien Empire Ottoman ? Les fonctionnaires qu'elle y installa n'étaient certes pas tous des hommes de génie. Mais ils avaient l'incontestable supériorité de demeurer longtemps à leurs places où, imperturbablement et quelle que fût la nuance à laquelle ils appartenaient, tous servaient, dans le même esprit, la politique coloniale de la chère vieille Angleterre !

Nous avons déjà usé cinq Hauts-Commissaires à Beyrouth. Un sixième vient de s'y installer ! Chacun d'eux, peut-être parce que c'était nécessaire ou simplement parce qu'il est humain de ne pas respecter l'œuvre de celui qu'on remplace, détruisit ce qu'avait fait son prédécesseur et institua une politique personnelle dont on ne lui donna pas le temps de récolter les fruits…

C'est ainsi que nous avons nous-mêmes émietté notre prestige, ruiné l'autorité de nos représentants, fourni aux populations les plus énervées, les plus malaisées à gouverner, les plus enclines à entrer en fermentation, des motifs à protester, à s'agiter, à se révolter contre un pouvoir qui s'attestait hésitant et dont on estimait inutile de respecter les décisions puisqu'elles n'avaient aucun caractère définitif et qu'il suffisait d'une campagne habile menée à Paris ou à Genève pour les faire rapporter et, si besoin était, obtenir le rappel de celui qui les avait prises !

*
* *

Qui débarque à Beyrouth, parcourt la Syrie de Damas à Alep, d'Alexandrette à Bosra-eski-Cham et s'efforce de comprendre l'état du problème syrien reste confondu devant sa complexité.

A mesure que les jours, les semaines, les mois s'écoulent, l'écheveau qu'il essaie de débrouiller lui paraît plus inextricable.

Avait-il le dessein d'écrire un livre composé, susceptible de donner une vue d'ensemble sur ce pays où la France joue une partie si importante ?

S'il est doué de quelque bonne foi et s'il n'est habité ni par l'outrecuidance, ni par la naïveté, ce qui, à tout prendre, est la même chose, il doit y renoncer…

Y renoncer et se contenter de publier quelques notes, quelques impressions, en disant avec loyauté à qui les lira : « C'est surtout au pays où naquirent tant de religions, où se produisirent tant de schismes, que la vérité n'est jamais si voilée, si fuyante qu'à l'instant où l'on croyait enfin la voir nue et la pouvoir étreindre. »

II
Le Sphinx bousculé
ou
la Traversée des Dupes

Une fois encore je pars pour l'Orient méditerranéen vers lequel, à quatre reprises déjà, depuis la guerre, j'ai navigué. Comment, ayant quitté hier soir un Paris de novembre, ne m'exalterais-je pas à la pensée de traverser à nouveau la mer bénigne, à revoir les côtes de Corse et de Sardaigne, le détroit de Messine, Alexandrie, le Caire, d'aborder enfin à Beyrouth, porte de la Syrie, cette terre légendaire, berceau et sépulcre de tant de prophètes, de thaumaturges et de dieux ?

Délices attendues, délices escomptées d'une décade passée à bord du plus somptueux palais flottant des Messageries Maritimes ! Féeries des aubes et des couchants ! Longues stations d'après-midi sur la plage arrière annexe du bar ! Et le soir, la danse sous les étoiles !

Vie charmante, vie incomparable, faite de langueur, de loisirs goûtés sans remords et dont chaque heure apporte un nouvel enchantement !

Et ce voyage-ci offre un autre attrait. Un attrait exceptionnel. Presque une attraction. Le *Sphinx* conduit vers son poste M. Henry de Jouvenel, le nouveau Haut-Commissaire de la République dans le Levant.

Chacun, sur le bateau, connaît son nom, la dignité dont il est fraîchement investi et sa légende.

On sait qu'il jouit en France du prestige attaché aux hommes ayant mené à bien — même avec une apparente nonchalance — toutes les tâches qu'ils entreprirent. On sait que, par de beaux succès remportés à Genève, il a acquis ce lustre international qui lui manquait encore, à quoi il attachait du prix et qu'il conquit avec cette même aisance que toutes choses auxquelles tient sans le laisser paraître ; probablement pour que, si d'aventure elles lui échappent, il lui soit épargné de montrer à autrui un visage morose…

On sait… On sait… Que ne sait-on de lui ?

Étonnez-vous, dès lors, que sa présence suscite un peu de fièvre, de frémissement, d'excitation et tant de curiosité chez les passagers et surtout chez les passagères unanimement résolues à avoir pour lui les yeux de Chimène, à exhiber en son honneur toutes leurs robes, tous leurs joyaux, et, ainsi qu'il se doit, lorsqu'on a le privilège de naviguer au même bord qu'un homme dont la réputation est aussi solidement établie que la sienne, le plus possible de leur chair ?

Le voici qui arpente le pont. Mains au dos, il va d'une marche légèrement balancée sous les regards convergents.

— Justes dieux, qu'il a l'air oriental ! murmure-t-on sur son passage. Est-ce pour cela qu'on l'a choisi ?

— Il ressemble à Aadly-Yeghen-Pacha, ancien premier de chez nous, affirme une jeune Égyptienne.

Et, naturellement, les gens informés content des anecdotes à ceux qui le sont moins. M. Henry de Jouvenel sait bien lesquelles. Vous aussi, parbleu !

Mais il est certains voyageurs qui témoignent au représentant de la France en Syrie un intérêt plus vif encore que celui manifesté par nos officiers, nos fonctionnaires, les touristes français, anglais, américains en route pour l'Égypte et les enfants du Delta regagnant leur patrie.

Ce sont des quidams au teint de vieil ambre, d'olive ou de bronze, aux cheveux bleus, aux yeux couleur de café en poudre, assis, çà et là, sur des chaises de pont et qui, observant le promeneur avec insistance, essaient visiblement, par le seul examen de son visage, de deviner son caractère, ses pensées, ses desseins.

Qui sont-ils ?

Je ne tarde pas à l'apprendre de la bouche de l'un d'eux qui, se détachant d'un groupe, m'aborde en me déclarant qu'il m'a connu naguère à Constantinople, ce dont, d'ailleurs, je n'ai conservé aucun souvenir. Mais cela doit être vrai ! Non, certes, parce que le personnage le dit avec tant d'assurance ! Mais parce qu'il m'appelle fort correctement par mon nom et — voilà de quoi me flatter — me parle de mes livres.

Pourtant, comme je lui demande de vouloir bien me rappeler quelles circonstances nous nous rencontrâmes, il m'avoue ingénument ceci : il fut, il y a trois ans, une semaine durant, mon voisin d'étage au Péra-Palace. Il s'enquit alors de mon identité. Et c'est strictement à cela que se bornèrent nos relations, ces relations qu'il évoquait tout à l'heure, en me saluant avec tant de cordialité heureuse.

Excellents Orientaux ! Je vous retrouve tous en la personne de ce gaillard aux lourdes paupières bistre foncé, aux lèvres aubergine.

Vous conservez jusqu'à votre mort le souvenir du visage que vous vîtes un instant. Jamais vous n'oubliez un nom prononcé une fois devant vous, que vous lûtes sur une carte, une malle, une enveloppe, ou que vous vous fîtes communiquer par un portier d'hôtel.

Je dis :

— Vous êtes chrétien, n'est-ce pas ?

— Oui ! Mais comment l'avez-vous deviné ?

— Un air que vous avez et qui ne trompe pas !…

De quel front lui eussé-je avoué :

— Nous, Français quelque peu familiarisés avec l'Orient méditerranéen, nous reconnaissons au premier coup d'œil un chrétien né sur la terre levantine et si différent du chrétien de chez nous qu'il est difficile de concevoir qu'un même esprit les anime tous deux. Nous le reconnaissons à l'expression tour à tour arrogante et humiliée de son regard et de son sourire, à sa rouerie, à son impudeur, à son indiscrétion tranquille, à cent petites choses qui nous offensent et nous irritent.

Mais encore une fois, qui est mon ami ? Et qui sont ses compagnons ?

Des Syriens ou, si vous le voulez, des Libanais.

Agents plus ou moins mandatés de Comités, de groupements politiques ou religieux locaux, exerçant en outre les professions les plus diverses : avocats, banquiers, commissionnaires, courtiers, sous-courtiers, intermédiaires en tous genres, ils quittèrent Beyrouth lorsqu'ils apprirent le nom du successeur de Sarrail et la date de son embarquement.

Ils vinrent à Marseille où ils séjournèrent tout juste quarante-huit heures. Et les voici sur le *Sphinx* voguant de nouveau vers l'ancienne Phénicie.

Pourquoi ont-ils abandonné leurs parties d'échecs ou de baccara, leurs affaires, toutes leurs fructueuses petites combinaisons ?

Vous allez comprendre.

Dans l'Orient méditerranéen, la nomination d'un fonctionnaire important ne constitue pas seulement un événement politique et administratif. Elle représente un intérêt à la fois commercial et financier pour qui sait et peut l'exploiter à temps.

Chaque fois qu'un vali, un préfet, un Haut-Commissaire, prend possession de ses fonctions, tout ce qui vend, achète, prête, procure, plaide ou s'entremet, tient cabinet, office ou bureau, commence de s'agiter, dresse un plan d'action.

Il s'agit d'être bien en cour, ou, si l'on ne peut y parvenir, d'en donner les apparences aux amis, à la clientèle auprès desquels on trafiquera, en toute ingénuité et sans voir de mal à cela, de l'influence acquise — ou de celle dont on se targuera.

Aussi, dès que le nouveau maître est en place, se lance-t-on à l'assaut de sa personne. On gagne d'abord son entourage. Comme on sait multiplier les démarches, supporter avec patience les plus longues stations dans les couloirs, accepter en souriant les plus humiliantes rebuffades, comme dans tous les pays du monde et singulièrement en Orient, la résistance du sollicité cède devant l'obstination du solliciteur, lorsque celui-ci est doué d'une patience systématique et résolue, il arrive presque toujours qu'on se puisse prosterner devant le soleil levant et en recevoir les bienfaisants rayons.

Est-on vraiment si abandonné du ciel qu'on ne puisse obtenir au moins d'être reçu une fois ?

Chaque jour, l'heure des audiences, durant une semaine, deux semaines, tout le temps qu'il faudra, on se tiendra dans l'antichambre du dispensateur de tous emplois, de toutes faveurs, de tous avantages. Et, par le truchement des personnes qui, vous ayant rencontré, pensent tout naturellement que vous attendez votre tour, la ville entière apprendra que vous avez une conférence quotidienne avec le représentant du pouvoir, qu'il n'a rien à vous refuser, que, partant, vous êtes un homme à ménager !

Vous pourrez dès lors taxer comme vous l'entendrez vos consultations, vos conseils, vos interventions plus ou moins fictives et tous les petits services qu'on sollicitera de vous !...

Mais la grande tactique consiste à faire le siège du nouveau maître avant les confrères, les concurrents, les rivaux. C'est pourquoi, lorsque la chose est possible, on n'attend pas qu'il soit installé. On va à sa rencontre. Et quand, pour rejoindre son poste, il doit voyager longtemps — surtout par mer — alors, c'est vraiment une affaire !

La vie de paquebot est favorable aux rencontres, aux présentations. Elle permet certaines familiarités. A bord, on peut toujours se débrouiller !

Mon ami et les amis de mon ami (j'apprends que certains d'entre eux, des spécialistes, ont déjà pris passage à bord des bateaux qui conduisirent Gouraud, Weygand, Sarrail en Syrie) sont précisément sur le *Sphinx* pour se débrouiller...

Confiant en son industrie, en sa subtilité, prêt à ne reculer devant aucun moyen, chacun d'eux compte bien, en multipliant les mouvements de reptation et les bonds successifs, approcher un des collaborateurs du représentant de la puissance mandataire. Par fortune, plusieurs effectuent leur premier voyage au Levant. Ils sont donc sans défense contre certains procédés classiques auxquels un Européen inexpérimenté se laisse toujours prendre.

Déjà, on les a repérés.

Ce soir, demain matin au plus tard, les gentlemen au teint de vieil ambre, d'olive ou de bronze, « feront amis » avec ces lieutenants, leur déclareront qu'ils sont plus Français qu'eux-mêmes, leur poseront d'insidieuses questions, leur diront « la vérité vraie » sur la situation en Syrie, les inviteront à déjeuner, à dîner, à coucher, etc., chez eux à Beyrouth, mettront à leur disposition, pour l'été prochain, les maisons qu'ils possèdent dans la montagne libanaise.

— Tout ce qui m'appartient est à vous, mon cher !…

Et ils obtiendront, du moins en nourrissent-ils l'espoir, d'être présentés à M. Henry de Jouvenel.

Après avoir, selon les us, déclaré à celui-ci que « si l'on ouvrait leur cœur, on y verrait le nom de la chère France écrit en lettres d'or massif », après l'avoir, pour son bien et de façon tout à fait désintéressée — vous n'en pouvez douter — mis en garde contre ceux de leurs compatriotes qui, sous les régimes antérieurs, jouissaient d'un crédit vraiment immoral, vraiment scandaleux, ces beaux fils démasqueront enfin leur jeu.

Tel présentera une requête en son nom ou au nom d'un de ses gros clients. Celui-là proposera une combinaison commerciale, industrielle ou bancaire. Ce troisième sollicitera un monopole et ce dernier offrira d'aller traiter avec les rebelles pour le compte de cette France qu'il aime plus que sa mère.

Mais oui !

*
* *

M. Henry de Jouvenel cingle pour la première fois, lui aussi, vers les Échelles du Levant. Il ignore donc encore par quels moyens un peu rudes il importe, au-delà d'une certaine longitude, d'écarter l'engeance des quémandeurs.

Avec politesse, avec bonne grâce, en réussissant même assez bien à feindre qu'il y prend un très vif intérêt, il écoutera les discours qu'on lui tiendra.

Et, à l'instar de ses prédécesseurs, sollicités par les mêmes hommes, dans les mêmes conditions, il donnera des assurances de sa bonne volonté, promettra d'examiner personnellement les diverses questions qu'on lui aura soumises…

A partir de ce moment, ces messieurs de Beyrouth pourront prétendre appartenir à son intimité, être les confidents de sa pensée, les dépositaires de ses secrets, dire négligemment de lui, en débarquant : «Mon ami Henry de Jouvenel», ou plus gentiment encore : «Mon ami Henry», et, dès le lendemain de son installation au Grand Sérail, le harceler avec tant d'insistance que, pour avoir la paix, il finira bien par faire droit à quelques-unes de leurs requêtes !

Ainsi agirent Gouraud-le-Simple, Weygand-le-Pieux, Sarrail-le-Terrible.

Pourquoi Jouvenel-le-Magnifique ne les imiterait-il ? Pourquoi ne ferait-il certains dons de joyeux avènement aux fils du Liban qui s'imposèrent les frais et les fatigues d'une double traversée afin d'être les premiers à se prosterner devant lui, et qui, au nombre d'une bonne douzaine, continuent de l'épier, de se parler avec volubilité à l'oreille, de s'adresser clignements d'yeux et gestes discrets pour s'encourager l'attaque ?…

Allons, il y aura du sport à bord !

*
* *

Il y a eu du sport à bord !

Mais pas celui que j'attendais.

A peine le *Sphinx* eut-il quitté Marseille que le vent s'empara de lui pour s'en jouer comme d'une plume, comme d'un fétu. Six jours, six nuits durant, la tempête le fit rouler, tanguer, bondir, donner si furieusement de la bande que, plusieurs fois, le commandant se demanda si son bateau, dont toute l'armature craquait, allait pouvoir se redresser…

Au bar, dans les salons, la salle à manger, les meubles, arrachés ou descellés, bondissaient comme la caronade dont le père Hugo décrit la course dans *Quatre-vingt-treize*. Les cuisines étaient inondées. C'était un désastre.

Rêveries matinales sur le pont, longues stations d'après-midi sur la plage arrière, danses aux étoiles, expositions de toilettes, de joyaux et de chair ; comme vous pensiez peu à tout cela, fonctionnaires, richissimes enfants du Delta, touristes, belles exhibitionnistes !

Par quelles douleurs, par quelles affres les délices que vous attendiez de cette traversée à bord d'un des plus admirables paquebots du monde furent-elles remplacées, justes dieux !

Étendus sur les couchettes de vos cabines, vous gémissiez, vous râliez, vous appeliez la mort à votre secours et, révérence parler, vous vomissiez.

Quant à vous, subtils combinards beyrouthins, vous faisiez également bien triste figure. Et lorsque, entre deux coups de tangage, vous repreniez quelque peu vos sens, c'était pour déplorer — avec quelle amertume ! — d'avoir, peut-être pour la première fois de votre vie, déboursé de l'argent sans profit.

La mer avait saccagé rudement vos espoirs.

Elle ne cessa de vous tourmenter qu'en rade d'Alexandrie où, pour vous narguer, elle se fit soudain calme et douce comme un beau lac.

Mais il était trop tard. Vous aviez perdu votre chance puisque, sur les trois jours qui devaient s'écouler avant son arrivée à Beyrouth, le *Sphinx* faisait escale quarante-huit heures à Alexandrie pour permettre à M. Henry de Jouvenel de se rendre au Caire où, soit dit sans vouloir vous offenser, il aurait d'autres chiens que vous à peigner.

Et quels chiens !...

III
Une leçon de Politique orientale

Pour saluer M. Henry de Jouvenel, M. Gaillard, ministre de France au Caire, est monté ce soir à bord du *Sphinx*. Il était suivi, ainsi l'exige le protocole, d'un cawas vêtu d'une jolie veste de drap fin bleu de roi brodé d'argent, d'un pantalon bouffant et coiffé d'un tarbouche écarlate. Une longue canne-fouet, un sabre recourbé, des poignards damasquinés, des pistolets albanais complétaient l'équipage de ce garde du corps.

Le ministre, qui faisait une entrée si impressionnante, encore que, peut-être, un tantinet fête de Neuilly, a une bonne tête. Une bonne tête de brave homme, de gros yeux ingénus, de courtes jambes, un ventre de commerçant détaillant sexagénaire (mercier ou herboriste) dont les affaires ont assez bien marché pour qu'il songe se retirer. Il a aussi une élocution défectueuse.

Lors d'un voyage antérieur, on m'avait assuré, au Caire, que si M. Gaillard chuinte et bégaie, c'est volontairement. Ainsi, se donne-t-il le temps de peser longuement chacune de ses paroles. Ainsi ne livre-t-il de sa pensée que ce qu'il veut.

Il paraît qu'un diplomate digne de ce nom doit avoir plusieurs petits tours du même genre dans son sac à malices — sac que, soit dit incidemment, le représentant de la République sur l'ancienne terre des Pharaons dissimule avec bien de l'habileté !

On prétend également, dans la colonie française d'Égypte, que notre excellent ministre appartient à cette catégorie de fonctionnaires du Quai d'Orsay qui entrèrent dans la Carrière au cri de : « Pas d'histoires ! Pas d'histoires ! »

Sobre et naïf homme de bien, « aimant fort le repos, la paix et la douceur », le défenseur officiel de nos droits, prérogatives et intérêts s'est fixé un programme : ne jamais soulever d'incident, pratiquer résolument, et quelles que soient les circonstances, la politique des concessions intégrales, mériter enfin la confiance, les bonnes grâces du Roi Fouad et de la Résidence Britannique.

Pour l'heure, dans un coin du salon, M. Gaillard entretient M. Henry de Jouvenel.

Un peu rouge, un peu ému sans doute, il est obligé de lever la tête pour regarder son interlocuteur qui, gentiment, courbe sa haute taille afin de ne point imposer gymnastique trop fatigante au diplomate de format réduit venu pour le visiter et qui, selon toute vraisemblance, lui communique de très précieuses informations.

Sur quoi roule la conversation ? C'est ce que, naturellement, je ne saurais vous dire. Mais quand, à petits pas et suivi de son cawas, le ministre a quitté le bord, j'apprends qu'après-demain matin M. Henry de Jouvenel aura, au Caire, une entrevue avec les membres directeurs du Comité syro-palestinien et que la paix immédiate peut sortir de cette conférence.

Est-ce M. Gaillard qui a arrangé cette rencontre ? Est-ce à ses bons offices que nous devrons la fin du cauchemar syrien ? Je veux le croire. Je le crois. Et déjà je suis prêt à témoigner que, cette fois, notre ministre en Égypte a bien mérité de la France.

Mais qu'est donc ce Comité syro-palestinien avec lequel le Haut-Commissaire de la République dans le Levant va se rencontrer, traiter presque de puissance à puissance ?

Ah ! comme il est malaisé de l'expliquer succinctement et avec une suffisante clarté !

J'y tâcherai pourtant.

Au cours de la lutte menée par les Alliés contre l'Empire ottoman, lutte à laquelle participèrent assez mollement, il faut le dire, et sans déployer beaucoup de courage, les Arabes syriens et palestiniens qui, depuis des siècles, nourrissaient l'espérance de s'affranchir du joug turc, on laissa entendre à ces auxiliaires que, la paix signée, ils pourraient constituer un vaste royaume arabe autonome s'étendant du canal de Suez au Taurus et de la Méditerranée à la Perse.

Cet État aurait pour suzerain le grand chérif Hussein, descendant du Prophète, qui régnerait à la Mecque et à Médine, avec le titre de roi du Hedjaz, cependant que trois de ses fils gouverneraient en son nom à Bagdad, Damas et Jérusalem.

Jusqu'à quel point la France souscrivit-elle ces demi-engagements ? Jusqu'à quel point même les connut-elle ? Furent-ils pris par la seule Angleterre ou, du moins, par tels de ces agents officieux, tels de ces aventuriers qu'en certaines circonstances elle emploie préférablement à ses diplomates afin que, l'heure venue de s'exécuter, elle puisse, sans forfaiture, prétendre ignorer de quoi il s'agit ?

Un grand mystère plane sur ce point. Nous ne savons pas et sans doute ne saurons-nous jamais dans quelle mesure notre pays flatta, encouragea les aspirations nationalistes des Arabes, ni quelles promesses plus ou moins précises leur furent faites en son nom…

Vint la défaite turque, la suspension des hostilités. Puis une longue période s'écoula durant laquelle on ne savait si la paix était descendue ou si la guerre sévissait encore du Tigre à la Méditerranée et à la presqu'île arabique. L'Angleterre commençait à comprendre que c'est surtout en Orient que l'action n'est point la sœur du rêve. Elle s'avisa que le royaume arabe, ce fameux royaume sur lequel eût régné, en la personne d'Hussein, un pantin articulé dont elle eût tiré les ficelles, était difficilement réalisable.

Alors, puisqu'elle ne pouvait plus espérer recevoir la totalité du gâteau qu'elle avait convoité, elle s'ingénia à empoisonner les morceaux qui, inévitablement, allaient lui échapper et sur lesquels, son alliée et associée, la France, s'apprêtait à étendre la main.

Elle s'engagea dans une politique assez confuse, assez trouble et — pourquoi ne pas l'écrire ? — tout à fait perfide à notre égard…

Elle nous créa les plus graves difficultés jusqu'au jour où ses attributions et les nôtres furent enfin définies dans le Proche-Orient : elle recevait le mandat sur la Palestine et l'Irak, nous le recevions sur la Syrie.

Alors, tout ce pays qui avait été soulevé d'un espoir immense, encouragé sinon entièrement suscité par les Alliés, frémit, s'indigna.

On s'était joué de l'Arabe. On l'avait trompé. On lui avait promis l'indépendance et l'on refusait de la lui donner.

Mieux, dans cette Palestine, l'une des régions les plus riches en traditions musulmanes, on attirait, on installait systématiquement par dizaine de milliers, des juifs prolifiques et industrieux qui, bientôt, submergeraient l'autochtone et l'évinceraient.

En Syrie, en Palestine, en Irak, au Hedjaz, du Taurus au canal de Suez et de la côte au désert, les vieillards qui avaient espéré assister, avant la fin de leur saison, à l'avènement de ce qu'avait rêvé leur jeunesse, les intellectuels, les mystiques de l'idée arabe poussèrent une clameur de désespoir et de colère.

Dans leurs âmes farouches et simples, mais droites, ces hommes qui constituaient l'élément le plus sain, le plus probe, le plus courageux de la Syro-Palestine, conçurent, à notre égard, un amer ressentiment.

Ils étaient donc préparés à subir l'influence d'une propagande antianglaise et antifrançaise.

Tous les agitateurs professionnels qui pullulent dans le Proche-Orient, tous les ambitieux qui avaient espéré jouer un rôle dans l'État, obtenir places, honneurs, titres, prébendes, riches domaines, fonctions plus ou moins honorifiques à la cour de la Mecque ou dans ses succursales de Damas, Bagdad et Jérusalem, vinrent leur prêcher la révolte contre les deux grandes nations occidentales qui, après s'être servies du peuple arabe pour détruire l'Empire ottoman, s'étaient partagé sans vergogne un immense territoire auquel elles s'étaient engagées à donner l'autonomie.

Ces prédicateurs, dont beaucoup n'étaient, au demeurant, que d'assez tièdes patriotes et quelques-uns de francs aventuriers, constituèrent une organisation protestataire dans laquelle ils n'eurent point de peine faire entrer les hommes dont j'ai parlé plus haut.

Ce fut l'embryon du Comité syro-palestinien, qui, peu à peu, se développa, accueillit en son sein des gens de toutes origines, de toutes confessions (parmi lesquels l'Arabe pur fut très vite noyé), et qui se donna pour programme de chasser l'Angleterre et la France des territoires sur lesquels elles exerçaient leur mandat.

A ce mouvement il fallait un président. On le chercha. Il devait être paré de quelque prestige, comblé jusqu'à l'excès des dons de la fortune (on allait avoir besoin de fonds considérables), assez faible d'esprit pour qu'on le pût aisément manœuvrer et suffisamment vain pour se croire destiné à ceindre une couronne royale : celle de Syrie — en attendant mieux — c'est-à-dire la couronne jadis promise au grand chérif Hussein !

Après quelques hésitations, le choix des membres du Comité s'arrêta sur un certain Michel Lotfallah, Grec orthodoxe, d'origine syrienne et établi au Caire.

Des quatre conditions requises, il remplissait entièrement, magnifiquement, les trois dernières. Il jouissait de revenus fabuleux. Son intelligence était médiocre et son ambition démesurée.

A vrai dire, il manquait un peu de prestige. Encore qu'en Orient on ne soit pas très exigeant quant à l'origine des fortunes, la façon dont les Lotfallah avaient acquis la leur gênait même les moins délicats. Au surplus, un temps bien court s'était écoulé depuis le moment qu'ils s'étaient évadés de la misère.

Au demeurant, voici l'histoire de cette famille telle qu'elle me fut contée par de très vieux Syriens. C'est une histoire des *Mille et Une Nuits*, une histoire colorée, pittoresque et parfaitement édifiante.

*
* *

Vers 1860, trois jeunes Grecs orthodoxes, Samaan, Habib et Tannous Lotfallah, arrivaient à Beyrouth, venant d'Akkar, et, dénués de tout, trouvaient asile dans un misérable taudis, sur le toit de l'église caucase-syrienne-arménienne.

Peu après, Samaan ayant «fait un malheur» comme on dit dans notre Midi, dut prendre le large. Il gagna Khartoum à pied. Tannous disparut de façon assez mystérieuse et Habib s'empressa prudemment de rejoindre son aîné…

Quelques années plus tard, Samaan mourait. Il laissait un petit pécule à Habib. Celui-ci se rendit au Caire, s'installa dans le quartier Fagallah et y ouvrit un office de prêteur à la petite semaine. Le métier est lucratif, chacun sait cela. Habib prospéra. C'était au temps que le Khédive Ismaïl Pacha distribuait à qui pouvait effectuer un dépôt d'argent, même faible, de grandes étendues cultivables dans le Delta et, à proximité des villes, d'immenses lots incultes, mais propres à la construction. Habib put ainsi acquérir de la terre. Puis, continuant d'appliquer les méthodes d'usure qui lui avaient si bien réussi à Fagallah, il devint progressivement banquier des moyens, puis des gros propriétaires qu'il exécutait impitoyablement lorsqu'ils ne remplissaient point leurs engagements et dont, en sous-main, il rachetait les terres afin d'arrondir les siennes.

En 1887, lorsque fut lancé l'emprunt abyssin, garanti par l'Angleterre, il le couvrit presque totalement. Il fit de même pour l'emprunt turc de 1888, ce qui lui valut le titre de Pacha.

Dès 1895, il était l'homme le plus riche d'Égypte. Plus riche que les Suarez, les Saab, les Cattaüi, plus riche que tous ceux dont, en quelques années, le limon du Nil et le coton avaient fait des millionnaires. A sa mort survenue en 1921, il possédait une fortune évaluée à six millions de livres égyptiennes[2].

[2] La livre égyptienne vaut un shilling de plus que la livre anglaise.

Ce *self-made man* avait eu le loisir, en dépit de ses multiples activités, d'accorder quelques heures à l'amour. Au temps où il n'était encore que le tout petit, le très humble prêteur de Fagallah, il avait distingué, dans la domesticité d'une riche famille, une veuve, servante ou laveuse, à qui il fit trois fils, trois fils dont il ne se soucia point et que la mère dut élever seule, comme elle put.

Mais les prêtres orthodoxes s'émurent. Ils obligèrent le séducteur à épouser la partenaire de ses ébats.

Cependant Habib Lotfallah faisait déjà figure de personnage. Celle à qui il avait été contraint de donner son nom était d'origine bien plébéienne pour lui, qui, bientôt, serait si riche et Pacha de surcroît ! Aussi, jusqu'au jour où Dieu la rappela à lui, ne reçut-elle jamais l'autorisation de s'asseoir à la table familiale où trônait son mari, entouré de ses trois fils légitimés, Michel,

Georges et Habib qui, peu d'années plus tard, allaient devenir émirs, c'est-à-dire princes et accepter — exiger — que chacun leur donne de l'Altesse !

Car les fils d'Habib sont devenus émirs !

Eh oui ! Un jour que le grand chérif Hussein était désargenté, ce qui lui arrivait, il n'eut aucun scrupule à nommer princes ces trois chrétiens disposés à payer très cher un titre qui, au demeurant, ne serait jamais reconnu que par la valetaille, la clientèle des nouveaux promus, les portiers des palaces où ils descendraient et les carrossiers de leurs autos !

Or, c'est, vous l'avez deviné, l'aîné de ces émirs d'usure et d'opérette que le Comité syro-palestinien mit à sa tête.

Voilà donc le Comité pourvu d'un président ami de l'ostentation et prêt à débourser des sommes considérables avec l'espoir de troquer sa couronne princière contre une couronne royale.

A partir de ce moment, les Arabes patriotes sont discrédités aux yeux du monde. Ils ont accepté de se laisser manœuvrer par des intrigants, étrangers à la cause, étrangers même au pays, dont ils seront les porte-parole et qui, par la perfidie, la maladresse de leurs démarches, empêcheront que ce qu'il peut y avoir de juste dans les revendications syro-palestiniennes soit entendu en Europe.

Car il y a de tout dans ce Comité, où musulmans, chrétiens et druses fraternisent : des politiciens, des avocats, des médecins et des journalistes damascènes, des étudiants — dont beaucoup terminèrent leurs études en Europe et même à Paris — des anciens généraux de l'armée turque, des ex-ministres de Fayçal, des agents de propagande panarabe et panislamique. Une espèce de trêve, une manière d'union sacrée règne entre tous ces hommes que divisent la race, la condition, la religion, qui se déchiraient hier, qui se déchireront demain, mais qui, aujourd'hui, ont réalisé le front unique.

S'étant donné un chef aussi pompeux, le Comité allait-il lutter ouvertement contre les deux plus formidables puissances militaires qui subsistent en Europe ? Point. Il agirait sourdement et selon une méthode bien connue qui, depuis longtemps, a fait ses preuves, il s'attaquerait d'abord à celle qui lui paraissait la plus vulnérable.

C'était la France, la France affaiblie et ruinée par une guerre dans laquelle elle avait jeté « jusqu'à son dernier homme, jusqu'à son dernier sou » pendant que ses Alliés économisaient leurs forces vives et leurs moyens d'action.

Quelle fut l'attitude de l'Angleterre vis-à-vis du Comité ? Comprenant très vite que le danger qu'il présentait était pour elle, sinon chimérique, du moins fort éloigné dans le temps, elle résolut d'user de lui.

Ne renonçant pas complètement au projet d'étendre un jour son hégémonie sur l'intégralité des provinces détachées de l'Empire ottoman, elle considéra que le Comité pouvait lui rendre d'appréciables services puisqu'il entendait nous faire la guerre, soulever contre nous les populations, nous dégoûter de la Syrie, nous obliger à en partir par la force ou nous y créer de telles difficultés que, lassés, écœurés, nous rembarquions nos troupes et que nous renoncions à notre mandat.

On imagine la suite : l'Angleterre se fût présentée devant le Parlement International de Genève afin de recueillir notre succession, dans toutes les formes juridiques, cela va de soi.

Ce programme est-il abandonné ? Je ne saurais le prétendre. Mais j'ai acquis la certitude que, malgré les déclarations de ses organes officiels, l'Angleterre continue de témoigner la plus grande bienveillance au Comité et à encourager en sous-main toutes les actions que celui-ci entreprend contre nous.

C'est dans cette officine que fut organisé le mouvement antifrançais, par ces ambitieux, ces agitateurs, ces brouillons, ces fanatiques, ces aventuriers qui, trop pusillanimes pour nous combattre eux-mêmes par les armes, chargèrent le peuple druse, le seul du pays aimant la guerre, de nous attaquer.

Connaissant ce peuple de longue date, sachant qu'il obéit aveuglément aux grandes familles féodales régnant despotiquement sur lui, il suffit à nos ennemis de gagner les chefs. Comblés de promesses, pourvus de subsides, d'armes, de munitions, ceux-ci entrèrent en dissidence, levèrent des bandes, se livrèrent aux exploits que l'on sait.

C'est le Comité qui donne des ordres aux insurgés près desquels, le fait est établi, plusieurs de ses membres sont installés en permanence. C'est lui qui organise la propagande à l'étranger[3], envoie à Genève ou à Rome ces « délégués syriens » qui multiplient les intrigues, tâchent à se faire recevoir par les représentants des puissances à la Société des Nations, à leur remettre pétitions, mémoires et rapports. C'est en son sein, enfin, que sont rédigées, d'une encre qui ne varie point, les proclamations et les lettres adressées périodiquement, au nom du peuple druse, au Haut-Commissaire de la République pour lui signifier à quelles conditions les rebelles consentiraient à faire la paix !

[3] Il a installé au Caire un « Bureau syrien d'informations » qui fournit articles et dépêches à deux cent onze journaux paraissant en langue arabe, latine ou hindoue. Il fait même paraître à New-York un organe de langue turque : le *Bariek*.

Ses frais journaliers de correspondance oscillent entre deux cents et trois cents piastres égyptiennes.

Il dispose de vingt-cinq correspondants recevant chacun un traitement mensuel de trente livres sterling et qui, depuis le début de l'insurrection jusqu'au 15 février dernier, ont dépensé, en télégrammes, plus de quatre cents cinquante mille francs.

Ainsi, par ces moyens, à l'abri de tous risques, de toutes représailles, les membres du Comité syro-palestinien continuent de tramer leurs intrigues contre la France, de la calomnier aux yeux du monde, de prolonger la révolte artificielle des Druses égarés, leurs mercenaires.

Tels sont les hommes, les ennemis que, en dépit de ses répugnances, M. Henry de Jouvenel, dont on ne saurait trop louer la volonté pacifique et qui affirme hautement son désir de réaliser, s'il se peut, une paix sans victoire, a accepté de rencontrer au Caire.

*
* *

La capitale de S. M. Fouad Ier n'est pas seulement une ville de tourisme et d'élégance.

C'est aussi un centre politique fort important. C'est au Caire que sont publiés les journaux arabes les plus considérables quant au tirage et à l'influence. C'est au Caire que, des points les plus lointains du monde musulman, des centaines de jeunes gens viennent, chaque année, étudier les lettres, les sciences, la théologie à la très ancienne Université d'El Azar, où professent les cheiks les plus vénérés et les plus savants. C'est au Caire que tous les nationalismes, tous les particularismes orientaux s'entretiennent et se développent. C'est au Caire enfin que d'innombrables organisations de propagande fonctionnent, que des Comités politiques ou religieux intriguent, que chaque jour se fondent des sociétés plus ou moins secrètes : turques, arabes, bédouines, syriennes, druses, etc.

Ai-je besoin de vous dire que tout ce qui se passe actuellement en Syrie suscite en cette ville, étonnante à plus d'un titre, les commentaires et les mouvements d'opinion les plus passionnés et que, partant, l'arrivée de l'homme politique à qui incombe désormais la lourde charge de représenter notre pays dans les quatre États du Levant placés sous le mandat français, crée, ici, une émotion dont on ne saurait se faire une idée lorsqu'on ne connaît point l'Oriental, son goût de l'intrigue, l'empressement avec lequel il saisit toutes occasions de s'agiter.

Depuis vingt-quatre heures que M. Henry de Jouvenel est au Caire, il n'est cheik, étudiant, journaliste, avocat, qui ne commente avec passion et volubilité la présence du Haut-Commissaire français sur la terre d'Égypte. Et presque tous se déclarent qualifiés pour être reçus par lui, pour lui faire une conférence sur la Syrie, le Grand-Liban, l'État des Alaouites, le Djebel-Druse, lui indiquer comment il doit concevoir son rôle s'il a quelque souci de sa gloire et lui offrir leur précieuse collaboration.

M. Henry de Jouvenel aime à répéter que, resté journaliste, il entend appliquer, en son nouvel état, les méthodes de la profession. « Je mène une enquête, un reportage », dit-il.

Aussi, que de monde a-t-il reçu déjà, que de discours écoutés, que de conseils lui furent-ils prodigués, et que de confidences — de fausses confidences — lui furent-elles faites !

Il a subi ces multiples assauts avec une parfaite sérénité. Mais j'ai l'idée que, dans le privé, lorsqu'il essaie de récapituler tout ce qu'il a entendu, de tamiser ses impressions pour essayer d'y trouver une parcelle de vérité, il doit se sentir un peu étourdi.

Un peu étourdi, mais prodigieusement amusé par tous ces fantoches, par tous ces malins, par tous ces aventuriers dont chacun se flatte de l'avoir convaincu, de lui avoir fait partager son point de vue.

Je pense à l'article qu'il câblerait si, au lieu d'être le personnage officiel qu'il est devenu, le très décoratif commissaire de la République, obligé, dès le matin, de porter l'écharpe tricolore, la redingote et le chapeau haut de forme, il se trouvait bonnement ici comme m'y voilà, afin d'écrire au jour le jour, ce que je vois, entends, crois comprendre d'une situation qui, à mesure que je m'approche du but de mon voyage, me paraît plus compliquée et confuse…

J'ai usé plus haut à tort du mot « assaut ». J'eusse dû écrire « escarmouches ». L'assaut est pour tout à l'heure. C'est à une délégation du fameux Comité syro-palestinien qu'est réservé l'honneur de le donner et — involontairement — de faire à M. Henry de Jouvenel la plus profitable démonstration de ce qu'est l'âme orientale.

La délégation vient d'arriver. Elle attend, dans le hall de l'hôtel, le moment d'être reçue. Elle est composée d'une trentaine d'hommes :

chrétiens, musulmans et druses. Presque tous sont vêtus à l'européenne et coiffés du tarbouche. Quelques-uns portent la robe et le turban.

Ils sont groupés autour d'un personnage de haute taille, d'une suprême élégance vestimentaire, au visage anguleux barré de fortes moustaches noires et dont, sous des paupières capotées, le regard surprend par son atonie.

C'est le chef de la délégation. C'est le président du Comité syro-palestinien. C'est l'un des candidats au trône de Syrie. Et, puisqu'il faut l'appeler par son nom, lui donner le titre de pacotille dont il s'affuble, c'est l'émir Michel Lotfallah.

Ces messieurs sont introduits dans un vaste salon contigu à l'appartement de M. Henry de Jouvenel. Le représentant de la France adresse quelques paroles de bienvenue à ses hôtes et leur désigne des sièges.

Encore que l'heure soit très matinale, le soleil est ardent, la chaleur déjà accablante. Aussi les volets sont-ils clos. Il règne dans la pièce une demi-obscurité bien propice aux réciproques confidences.

L'émir se tient sagement sur une chaise, à la droite du Haut-Commissaire. Les délégués font comme une guirlande le long des murs. Mais la place d'honneur, la présidence, si vous voulez, est occupée par le cheik Rachid Roda, de Damas, journaliste célèbre et poète réputé. C'est un homme corpulent, vêtu d'une robe gros vert, coiffé d'un turban blanc et qui, assis sur un divan, derrière une petite table, discourt longtemps en arabe.

Par le truchement d'un de ses amis, druse celui-là et qui parle le français le plus correct, le plus précis, le plus châtié même, nous apprenons que le cheik vient de juger assez sévèrement Gouraud, Weygand et Sarrail, ainsi que leurs collaborateurs. Il leur reproche surtout d'avoir voulu faire de la colonisation sur les territoires commis à notre mandat.

Mais nous apprenons aussi que le cheik et ses compagnons ne nous en veulent pas pour si peu, que leur francophilie est ardente et qu'ils nous offrent, en toute loyauté, de nous aider à mener à bien la tâche à nous confiée par la Société des Nations.

Touché par tant de magnanimité, de bonne volonté, de gentillesse, M. de Jouvenel remercie, déclare qu'il se dirige vers Beyrouth avec un très ardent désir de paix, lorsqu'un jeune homme, au beau visage ambré, aux yeux de flamme et qui, depuis un instant, donne des signes d'exaltation, réclame la parole. Il l'obtient.

— Je vois, dit-il, ce que nous apportons à la France. Je ne vois pas ce qu'elle nous apporte. Je le demande !

Ces mots, ces simples mots sont prononcés d'une voix frémissante, avec une indicible expression de colère contenue et de haine. L'émir prend un visage chagrin. Il tourne ses yeux morts vers l'éphèbe qui, sans doute, vient de révéler les sentiments véritables de la délégation à notre égard et à qui, de toutes parts, on adresse des gestes de la main pour l'inciter à se taire.

Mais lui, dont les lèvres sont agitées de tremblements, répète :

— Je demande ce que la France est venue faire chez nous et ce qu'elle nous apporte.

A son tour, M. Henry de Jouvenel regarde, avec quelque surprise, le jeune obstiné et, comprenant que la séance ne saurait désormais se prolonger sans incident, il décide de la clore aussi vite que possible dans le flou, le vague, l'imprécis…

Il affirme sa volonté de collaborer étroitement avec toutes les populations des territoires placés sous mandat, il déclare que son premier geste, dès son arrivée à Beyrouth, consistera à permettre aux États du Grand-Liban et des Alaouites, où règne le calme, de se donner une constitution. Les États de Syrie et du Djebel-Druse jouiront du même privilège immédiatement après qu'ils seront rentrés dans l'ordre.

Et c'est sur ces mots que l'entrevue se termine, sans que l'émir Lotfallah ait émis une syllabe, sans qu'une seule phrase significative ait été prononcée de part et d'autre !

Dans l'escalier, puis dans le hall de l'hôtel où de jolies Américaines, culottées de peau blanche, et qui, rentrant de leur matinale promenade à cheval, boivent du porto, les délégués tiennent un long conciliabule. Il n'est que de les observer pour comprendre à quel point ils sont agités, pour discerner qu'ils sont scindés en deux camps, l'un composé des hommes rassis et qui n'approuvent point l'algarade de l'éphèbe aux yeux de flamme, aux paroles prudentes, l'autre groupant les éléments plus jeunes et, partant, plus combatifs ou moins habiles.

Et que fait l'émir au milieu de ses troupes divisées ? Rien. Le visage et l'œil mornes, il semble s'ennuyer prodigieusement.

Enfin, les deux camps se rapprochent. De l'un à l'autre on se parle avec moins de vivacité. Les gestes sont plus amènes que tout à l'heure. Il est évident qu'on se met d'accord sur un plan d'action. Et quand, précédée de l'émir, la délégation quitte l'ombre douce et fraîche qui règne dans le hall de l'hôtel pour gagner la fournaise de la rue, j'ai la certitude qu'elle a décidé de faire quelque chose.

Quoi ? M. Henry de Jouvenel ne tardera pas à le savoir. Ayant consacré toute sa journée à des visites officielles, puis offert un grand dîner dans le cadre somptueux de « Mena House », au pied des Pyramides, il ne revint à l'hôtel qu'assez tard dans la nuit, quelques heures à peine avant le départ du train qui le devait ramener à Alexandrie où le *Sphinx* l'attendait pour le conduire à Beyrouth.

Encore tout ému, tout palpitant, gardant dans l'œil le souvenir du prodigieux spectacle qui, pour la première fois, venait de lui être offert au seuil du désert baigné de lune, enclin au lyrisme, à la rêverie, à la méditation, ayant sans doute oublié, pour un temps, ses préoccupations politiques, les visites reçues et aussi les discours subis, il fut replongé brusquement dans la réalité par une lettre qu'il trouva chez lui.

Elle émanait du Comité syro-palestinien.

A la fois impudents et ingénus, ses signataires prenaient acte de la conversation du matin, retenaient les « promesses » faites par S. E. M. le Haut-Commissaire, se disaient forts d'obtenir la soumission des druses et des bandits opérant dans les faubourgs de Damas si, en retour, et comme convenu, le représentant de la France renonçait au mandat et, dès son arrivée à Beyrouth, ordonnait l'immédiat embarquement de l'armée du Levant !

Tout simplement.

Ainsi, parce que la France avait décidé de remplacer en Syrie un général par un civil, parce que celui-ci, avant son départ de Paris, avait annoncé à la presse sa volonté pacificatrice, parce qu'on le savait tout imprégné de l'atmosphère régnant à Genève, parce que, surtout, il avait écouté avec calme, patience, courtoisie ses visiteurs, ceux-ci, le jugeant faible, n'avaient pas craint de tenter sur lui un chantage !

Ai-je besoin de vous dire de quelle encre, sur quel mode énergique et dédaigneux, M. Henry de Jouvenel répondit au dérisoire ultimatum de S. A. l'émir Michel Lotfallah et de ses gens ?

Mais je le soupçonne de n'avoir éprouvé contre eux qu'un assez léger ressentiment. Peut-être même leur accordait-il quelque reconnaissance. Au moment qu'il allait prendre possession de son poste, se trouver aux prises avec les mille difficultés qu'avec une belle crânerie il avait accepté d'affronter, ne venait-il de recevoir, à peu de frais somme toute, la plus profitable leçon de politique orientale ?

Et un peu de cette reconnaissance rejaillissait sans doute sur M. Gaillard à qui revenait l'honneur d'avoir préparé, négocié la rencontre du Haut-Commissaire de la République en Syrie et des pires ennemis du mandat…

*
* *

Depuis, j'ai eu le privilège de revenir au Caire, d'y rencontrer le ministre de France. Je lui ai parlé de l'entrevue historique de l'hôtel Continental et de ce qui en résulta.

Il leva vers moi les regards de ses gros yeux ingénus et me dit d'un ton chagrin :

— Est-ce que je savais ? Est-ce que je pouvais savoir ?…

Cher Monsieur Gaillard !

En vous écoutant, je pensais à cet autre diplomate, à cet autre excellent garçon, sobre et naïf homme de bien comme vous, lequel nous représentait à Sofia en 1914 et qui, dans chacun de ses rapports au Quai d'Orsay, affirmait avec force, avec la certitude d'exprimer une vérité absolue, que jamais la Bulgarie n'entrerait en guerre contre nous.

Est-ce qu'il savait ?

Est-ce qu'il pouvait savoir ?…

IV
Le vénérable Janus de Bkerké
ou
les Illusions perdues

En ce début d'après-midi dominical de décembre, ensoleillé comme un matin de printemps, M. Henry de Jouvenel quitte la Résidence des Pins pour aller essayer de réconcilier la France avec Sa Béatitude Mgr Hoyek, patriarche des Maronites.

Car notre pays et le vénérable successeur de saint Maron, pasteur d'un troupeau comptant quelque trois cent mille brebis paissant les pentes libanaises, sont brouillés.

Sa Béatitude et le général Sarrail « ont eu des mots ». Puis leur querelle s'est envenimée. Envenimée au point qu'il a fallu séparer ces deux vieillards également intransigeants dont le premier, à qui Weygand déclarait : « Je considère que mon entrée en fonctions date du jour où Votre Béatitude me donna sa bénédiction », estime que le mandat doit s'appuyer sur la communauté maronite et dont le second jouit de la réputation bien établie, non usurpée, de n'admettre aucune contradiction.

Comme on ne pouvait tout de même pas embarquer le prélat, on débarqua le militaire, habitué du reste à ces rappels un peu brusques.

Qui a commencé à irriter, à provoquer l'autre ? Qui a porté le premier coup ? Il est malaisé de le déterminer. Au demeurant, cela ne présente qu'un intérêt, un très faible intérêt rétrospectif.

Le certain est qu'il importe d'arranger les choses. Le nouveau Représentant de la République va s'y employer de son mieux, c'est-à-dire le mieux du monde. Et ce sera, pour lui, l'occasion d'un voyage triomphal à travers la montagne.

En voici d'ailleurs une relation fort fidèle que publia dans *le Matin*, mon confrère et ami Henry de Korab. J'avoue ne point la citer sans quelque malice — on verra pourquoi tout à l'heure.

Elle débute, cette relation, par l'énoncé d'une de ces vérités qui paraissent incontestables non seulement aux fonctionnaires du Quai d'Orsay, mais encore à la majorité des Français, parfaitement persuadés, les uns et les autres, que tout ce qui est chrétien en Orient nous est ami.

> *Le Christianisme au Liban, n'est pas, proprement parler, une religion. Il tient lieu de nationalité, voire de parti politique.* Il est synonyme de francophilie.

C'est grâce à lui que les gens de ce pays parlent français comme vous et moi et qu'ils ont réclamé le mandat de la France, laquelle, depuis des siècles, est glorifiée ici comme la grande et généreuse protectrice.

Voilà pourquoi, dimanche dernier, poursuit Henry de Korab, *on a pu voir au fond d'une immense salle bourrée d'une foule compacte, sur une sorte d'estrade couverte de tapis d'Orient, M. Henry de Jouvenel, sanglé dans sa redingote, la poitrine barrée par l'écharpe tricolore, assis devant un prie-Dieu à côté d'un fauteuil, d'un trône presque, où s'étalait la robe écarlate, et la barbe blanche du patriarche maronite Hoyek, magnifique vieillard de quatre-vingt-trois ans.*

Devant des milliers de spectateurs respectueux qui avaient envahi la salle, les couloirs, l'escalier, le jardin, le nouveau Haut-Commissaire de France rendait, le premier, visite au Saint Père de l'endroit. S'il avait agi autrement, tous ces gens, qui étaient venus de loin pour assister à cette scène, n'auraient pas compris.

Pour les Libanais qui sont organiquement chrétiens comme d'autres sont Anglais ou nègres, cette visite n'avait qu'une seule signification, se résumant en cette phrase que j'ai entendue cent fois, en me frayant un chemin à travers la foule :

« La France n'abandonnera pas le Liban… »

Car voilà ce dont ces gens-là ont la terreur : l'abandon par la France du mandat, avec, pour conséquences, l'anarchie, les massacres, les pillages et enfin la main-d'œuvre étrangère.

Aussi fallait-il voir l'enthousiasme avec lequel le représentant de la France a été accueilli sur tout le parcours entre Beyrouth et Bkerké, siège du patriarche qui se trouve à dix-huit kilomètres dans la montagne.

La caravane des voitures officielles suivant une route en brusques lacets découvrait à tout moment un village, une rue, des maisons hautes, blanches, propres, ornées de balcons, d'où tombaient des roses ! Des hommes coiffés du tarbouche traditionnel, en proie à une agitation tellement sincère qu'elle cessait d'être comique, se précipitaient au-devant des voitures en brandissant d'immenses drapeaux tricolores, les obligeaient à s'arrêter, tandis que des cortèges de petites filles, de petits garçons coiffés du fez gris des boy-scouts libanais, venaient nous rechanter, une fois encore, la Marseillaise *».*

J'ai participé à ce voyage. J'ai passé sous des arcs de triomphe de verdure sur lesquels étaient fixées des bandes de calicot blanc portant ces inscriptions : «Vive la France» — «Salut au Représentant de la Glorieuse Puissance mandataire». J'ai traversé des villages où, aux fenêtres de chaque maison, claquait notre drapeau. J'ai entendu les vivats, les applaudissements des femmes, des jeunes filles, des enfants. J'ai vu des avalanches de roses effeuillées tomber des balcons. J'ai été témoin, comme Henry de Korab, de l'«agitation, tellement sincère qu'elle cessait d'être comique», d'hommes coiffés de tarbouches qui répétaient sans se lasser et avec frénésie les formules inscrites sur les arcs de triomphe.

Mes oreilles ont été frappées vingt fois, cent fois par les accents de la *Marseillaise*. En son palais patriarcal, j'ai vu Mgr Hoyek. Assis sur son trône, vêtu de pourpre, portant au cou la cravate de la Légion d'honneur et, penché sur son visiteur à qui on avait offert un fauteuil si bas que pour y goûter quelque confort il avait presque dû mettre genou en terre, le Saint-Père des Maronites parlait, parlait avec une étonnante vivacité. Son œil lançait l'éclair. Sa belle barbe blanche frémissait. Ses mains de cire étaient agitées d'un mouvement continuel...

Que disait-il ? Chargeait-il de sa malédiction Sarrail le grand Soudard, ou demandait-il à la France d'entreprendre sans délai une nouvelle croisade exterminatrice contre le Musulman ou le Druse ?

Un tel brouhaha régnait dans la salle où prêtres, évêques, notables, gens du peuple, boy-scouts se pressaient et une telle rumeur montait des jardins que la voix du prélat ne vint pas jusqu'à moi.

Mais l'heure des harangues sonna. Chacun des évêques, chacun des notables présents tenant en mains quelques feuillets s'approcha du trône de Sa Béatitude et prononça un discours. Alors les sentiments, les sentiments «vrais», nourris par les Maronites et leur clergé à l'égard de la France, me furent révélés. Jamais, sous aucun ciel, je n'ai entendu personne s'exprimer avec une telle émotion, une telle ferveur, un tel amour sur le compte de ma patrie. Jamais je n'ai rencontré des hommes aussi jaloux de l'exalter, de la servir et, s'il le fallait, de la défendre que les disciples de Saint Maron, le pieux anachorète d'Antioche.

Comment, après avoir écouté cette éloquence à la fois si fleurie, si énergique, si enflammée, ne pas penser que Sarrail fut un bien grand maladroit, un bien grand coupable en s'aliénant des amis aussi sincères ? Et comment ne point estimer que Sa Béatitude Mgr Hoyek ait raison lorsqu'elle affirme, avec cette ardeur juvénile qu'en dépit des ans elle a conservée : «Le mandat français doit s'appuyer sur la communauté maronite ou n'être pas.»

C'est dans ces dispositions que je rentrai à Beyrouth. J'étais tout ému, plus ému peut-être que vous, Henry de Korab, d'avoir entendu des étrangers manifester si spontanément, et avec tant de chaleur à l'égard de mon pays, l'ardeur de leur sympathie, prête à tous les sacrifices.

Je savais que Barrès nous avait précédés sur la route en lacets qui conduit à Bkerké, qu'il avait eu un long entretien avec Sa Béatitude et que j'en trouverais la trace dans l'un des deux volumes d'*Une Enquête au Pays du Levant*. Par fortune, je les avais apportés de France. Ils étaient sur ma table. Je les lus.

Et vraiment, je suis resté confondu ! Comment le grand écrivain patriote — et catholique — pouvait-il montrer tant de froideur, d'ironie, faire tant de réserves au sujet d'un pontife si français de cœur qu'il n'avait pas hésité, lors de la Conférence de la paix, à prendre la mer, à venir jusqu'à Paris pour demander que notre pays soit chargé d'exercer son mandat sur le sien ?

Qui pouvait l'avoir incité à écrire une phrase comme celle-ci au cours de laquelle il accuse très discrètement, mais très explicitement Mgr Hoyek et son entourage d'égoïsme, de turbulence et craint qu'ils ne nous poussent à de fâcheuses entreprises guerrières contre l'Infidèle ?

> *Hoyek et ses familiers surveillent avec le plus vif intérêt les dispositions de la France. Ils ne s'égarent pas en vaines curiosités : ils les apprécient par rapport au Grand Liban. Et sur ce sujet, des paroles énergiques les inquiètent presque autant qu'elles les satisfont. Ils voudraient être assurés qu'elles seront suivies d'actions également énergiques, « car, disent-ils, vous comprenez qu'elles indisposent contre nous les autres ».*

> *… Qu'il est plaisant, ce prélat chargé d'honneurs et de soucis, nullement écrasé par cette antique tradition du Mont Liban, et qui nous expose avec une innocente véhémence ses inquiétudes, ses amitiés, ses désirs ! Il aime son peuple, dont il est le père, le pontife et le roi ; il ne passe pas une minute sans soigner, avec tout son cœur et toute sa finesse, les intérêts de son beau domaine matériel et spirituel. Comme il nous aime, mais comme il entend que son amitié lui profite ! Comme il se réjouit de nos témoignages, mais qu'il serait fâché qu'ils le compromissent ! Comme il est justement jaloux de ses prérogatives, héritées d'une longue suite de chefs !*

Le lendemain, je parlai à un ami français de Beyrouth, de ma visite à Bkerké et de la surprise chagrinée que m'avait donnée la lecture de Barrès.

Cet ami est établi depuis de longues années au Liban. Il le connaît maintenant autant, sinon mieux, que sa province natale. Il y a vu et entendu tant de choses, assisté à tant d'événements, éprouvé tant de surprises, reçu tant de confidences, quelques-unes sincères et le plus grand nombre truquées, que rien ne l'étonne plus.

— En ce pays, répète-t-il volontiers, il n'y a ni vérités, ni mensonges, il n'y a que des versions.

Il souriait en m'écoutant. Il hochait la tête. Je lisais dans ses yeux qu'il éprouvait quelque pitié pour moi. Quand, un peu agacé par cette attitude, je m'arrêtais, prêt à lui demander des explications, il prononçait bonnement :

— Poursuivez !... Poursuivez.

Et quand j'eus terminé mon récit :

— Souffrez maintenant que j'éclaire votre religion.

Il atteignit un dossier, y prit une chemise qu'il ouvrit. Elle contenait un exemplaire de journal que le temps avait légèrement jauni sur les bords.

— Ceci, me dit-il, est un numéro du *Journal de Beyrouth*, journal ottoman quotidien, directeur propriétaire Georges Harfouche, administrateur Halim Harfouche, ainsi que nous l'apprend la manchette. Il est daté du 18 août 1915.

« Vous venez de me dire avec quel enthousiasme M. Henry de Jouvenel a été salué par le peuple maronite, avec quelle ferveur ce même peuple acclama la France et chanta la *Marseillaise*. Permettez que je vous lise quelques passages du récit de la visite que fit aux mêmes lieux, en pleine guerre S. E. Djemal Pacha, ministre de la Marine de S. M. Impériale le Sultan de Turquie, commandant en chef de la quatrième armée et qui assumait en même temps le pouvoir suprême sur toute cette région.

Voici :

> *Les Libanais n'oublieront jamais la date mémorable de cette visite qui constituera une époque dans les annales locales. Aussi ne pouvaient-ils laisser passer une occasion aussi propice pour manifester leur fidèle attachement au trône impérial et leur gratitude pour l'œuvre entreprise par S. E. le Commandant en Chef.*
>
> *« La première étape du voyage fut Djounié. La ville s'était faite belle. Elle était richement pavoisée de drapeaux nationaux et ornée de guirlandes de fleurs. Une grande animation régnait sur la route principale, tandis que la route menant à la ville était envahie par une foule nombreuse, accourue des alentours et des villages les plus éloignés, pour acclamer Son Excellence sur son passage.*
>
> *« Au milieu des applaudissements, Djemal Pacha traversa la ville pour se rendre au Konack où une petite collation lui a été servie. Vers la fin du repas on présenta un gâteau monté en Tour Eiffel, et Djemal Pacha en brisant la tour, de dire avec sa belle verve coutumière :*
>
> *« — Je brise la tête de l'ennemi.*

« *Un tonnerre d'applaudissements répondit à cette saillie spirituelle, suivie aussitôt par ces mâles paroles des assistants :*

« — *Et tu la briseras, ô Pacha, avec l'aide des Libanais. Et si jamais, continuèrent les assistants heureux de trouver une occasion pour donner libre cours aux sentiments qui débordent de leurs cœurs, si jamais les ennemis, spécialement les Français, osaient un jour venir se mesurer ici avec le drapeau sacré du Croissant, nous saurions leur prouver que nous sommes tous des vaillants soldats ottomans prêts à repousser les assaillants perfides et à défendre avec notre sang le sol sacré de la patrie ottomane.*

« *Nous devons noter ici encore que le clergé maronite, de son côté, n'a cessé de témoigner d'une façon tout à fait enthousiaste son attachement à la cause ottomane en faisant des vœux ardents pour le triomphe de l'armée ottomane et celle de nos alliés.*

« *Après Djounié, S. E. visita tour à tour Batroun, Chika, Amioun. Partout notre commandant en chef fut l'objet d'une réception enthousiaste de la part de toute la population accourue de tous côtés.*

« *Plusieurs arcs de triomphe étaient dressés sur le parcours de Son Excellence et souvent des branches de lauriers et de fleurs tombaient sur sa tête.*

« *Telles sont les coutumes chez les anciens pour vénérer leurs héros et tels sont encore les us chez les Libanais, gardés pieusement par la tradition. Et, suivant ces us encore, les femmes et les enfants arrosaient, à son passage, la route d'eau de rose et de fleurs d'oranger en chantant des paroles fleuries que nous traduisons textuellement de l'arabe :*

« *Tu nous apportes le bonheur, que Dieu te donne la victoire ! Depuis que tu es parmi nous, l'air de la montagne est embaumé ; sois le bienvenu ».*

« *La foule qui suivait le cortège criait avec enthousiasme :*

« *Vive Sa Majesté Impériale notre auguste souverain le sultan Mehmed Rechad ! Vive l'armée ! Vive Djemal Pacha ! A bas les ennemis !*

« *Dans la région de Bécharri, les femmes de la contrée, massées sur tout le parcours, chantaient en cœur (nous traduisons mot à mot) :*

« *Sois le bienvenu, ô Djemal. Avant ton arrivée nous nous couchions sur les grabats d'épines et pour maisons nous n'avions que des champs arides et des chaumières inhabitables. Maintenant que tu* nous défends et que le pays est pacifique, nous commençons à ressentir les bienfaits des plus beaux jours de la vie.

« Le soir il y eut une illumination générale et des grands feux d'artifices ; les cloches du village sonnaient à toute volée, des bandes de villageois parcouraient les rues et ovationnaient le général en Chef. »

Mon ami, interrompit sa lecture :

— Avez-vous compris pourquoi je souriais tout à l'heure de votre enthousiasme, de votre émotion et, excusez-moi de le dire, de votre naïveté ? Ne suffirait-il, dans le texte que je viens de vous lire, de remplacer le nom de Djemal Pacha par celui d'Henry de Jouvenel pour que l'article qui, voici dix ans, relatait le voyage triomphal du premier, puisse être utilisé au lendemain de la tournée du second ?

« Instruit du loyalisme du peuple maronite à l'égard de l'Empire ottoman, de la joie tumultueuse et lyrique avec laquelle il salua le Pacha, il vous reste apprendre comment Sa Béatitude Mgr Hoyek se comporta à l'égard de l'illustre visiteur.

« Écoutez :

« Le patriarche maronite dépêcha deux évêques de sa part pour saluer le Pacha et s'excuser de ne pouvoir, pour raison de santé, se rendre en personne à Bécharri, à l'effet d'inviter Son Excellence à passer par Dimane, résidence d'été du patriarcat.

« Le commandant en Chef a fait valoir que le temps lui manquait, mais devant l'instance des délégués du patriarche, Son Excellence accéda à leur désir et promit de passer par Dimane, ayant à visiter encore plusieurs autres villages. Il ajouta que son voyage avait uniquement pour but de lui permettre de se mettre en contact direct avec le peuple libanais et de s'enquérir de près de ses besoins.

« Une foule imposante était massée tout autour de Dimane et acclamait frénétiquement le vaillant chef. S. B. le Patriarche, entouré de ses évêques et de ses prêtres, reçut Son Excellence avec tous les honneurs dus, en lui prodiguant les marques du plus profond respect.

« Pendant tout le temps de la visite, S. B. le Patriarche ne cessa de protester hautement de son fervent attachement à l'Empire et fit des prières à haute voix pour le triomphe de l'armée ottomane et de ses alliés, la grande Allemagne et la non moins grande Autriche-Hongrie.

« Sa Béatitude ne manqua pas de repousser avec indignation toutes les allégations d'attache qu'on lui attribuait à tort pour la France avant l'ouverture des hostilités.

« Un prêtre de la suite du patriarche se levant alors prononça l'allocution suivante :

« Djemal, malgré la soutane que nous portons, nous sommes de bons guerriers et, si tu nous prends avec toi, tu connaîtras notre valeur devant l'ennemi. Nous marcherons au-devant de tous les soldats et nous percerons de nos balles les ennemis de notre Empire, je t'en fais le serment ici ».

Mon ami replaça avec beaucoup de soin le précieux exemplaire du *Journal de Beyrouth* dans la chemise d'où il l'avait tiré.

— Je vous en offrirai une copie pour vos archives, dit-il.

Et il ajouta :

— Vous voici avec une illusion eu moins. Ne soyez pas si triste !... Si vous saviez combien j'en ai perdu depuis que je réside en ce pays.

« Pour peu que vous y séjourniez quelques mois encore, vous verrez toutes celles qui se détacheront de vous.

« Alors, commençant à acquérir quelque scepticisme, peut-être, adopterez-vous cette formule que je répète à satiété et non sans complaisance, je l'avoue : « il n'y a ici ni vérités, ni mensonges, il n'y a que des versions ».

« Vous mettrez une sourdine à vos enthousiasmes et à vos indignations. Vous vous méfierez des apparences. Vous ne vous hâterez point de porter des jugements sur les choses et sur les hommes, qui tous, ou presque, ont deux visages — tel Janus, qui, d'ailleurs, était, lui aussi, fils de la Méditerranée orientale. »

V
La Surprise Alépine
ou
le Reclus qui voulut être Roi

el-Halebi Chelebi

L'Alépin est un faquin

(Proverbe arabe).

« La paix à tous ceux qui veulent la paix. La guerre à tous ceux qui veulent la guerre », a dit M. Henry de Jouvenel dans son discours au conseil représentatif du Grand Liban.

Et il a ajouté :

« Votre pays est pacifié. Je lui apporte la vie constitutionnelle, c'est-à-dire la possibilité de se donner les lois et la forme de gouvernement qu'il désire. L'État des Alaouites, pacifié également, jouira du même privilège. Si les autres États veulent participer aux bénéfices des institutions libres, ils savent désormais le moyen. »

Ainsi que l'orateur l'escomptait, ces paroles ont été répétées jusqu'à l'extrême limite des territoires placés sous mandat.

Il sied d'ailleurs de le reconnaître : elles n'ont produit nul effet sur les Druses de Soltan-el-Attrache ni sur les Arabes des environs de Damas. Aucun doute n'est permis. Ceux-ci et ceux-là préfèrent la guerre aux élections.

Mais on assure qu'emportées par le vent vers le septentrion, les périodes de M. Henry de Jouvenel ont fait frémir d'allégresse et Homs et Hama et la farouche Alep elle-même. Puissance de l'éloquence ! Un miracle s'est accompli. Sur cette région qui, depuis le début de l'occupation, n'a cessé de s'agiter, un vaste et tendre apaisement est descendu !

Elle aspire aux bienfaits de la vie constitutionnelle. Résolument partisane du mandat, elle montre une telle ardeur francophile qu'il ne faudrait point s'étonner si, demain, elle demandait purement et simplement à devenir colonie de la République.

Dans leur langage imagé, ses habitants disent : « La Syrie est une côtelette dont Alep est la noix et Damas l'os ; que l'on mette celui-ci d'un côté et la viande de l'autre. »

Bref, on peut être certain qu'ils ne veulent plus rien avoir de commun avec les ennemis du mandat, ils réclament, ils exigent qu'on les sépare des turbulents Damascènes, qu'on leur donne l'autonomie administrative et politique.

Les rapports envoyés par M. Reclus, au Haut-Commissariat sont formels sur ce point.

Qui est M. Reclus ?

M. Reclus est un Reclus. Il appartient à l'illustre famille. Délégué à Alep du Gouverneur de l'État de Syrie, lequel tient résidence à Damas, le descendant du grand Onésime ou du grand Élisée est en somme l'Œil de la France sur la Route des Caravanes de la Perse et de l'Inde.

M. Reclus est un homme sérieux, un peu taciturne même. Jamais la moindre parcelle de fantaisie ne se glissa en son âme administrative. Ce qu'il affirme avec tant de certitude est, à n'en pouvoir douter, l'expression même de la vérité.

Si — ce que je ne vous souhaite pas — vous aviez été Haut-Commissaire, qu'auriez-vous dit, après avoir lu des rapports aussi péremptoires que ceux de M. Reclus ? Mais ceci :

— Parfait !... Tout cela colle on ne peut mieux à ma politique qui consiste à isoler progressivement les régions insurgées et à combler de bienfaits celles dont les habitants affirment que la France est leur seconde mère. Je vais donc donner aux Alépins la possibilité de voter et d'élaborer leur constitution. Cela ne peut manquer de susciter une énorme émotion chez les gens de Damas et ceux du Djebel Druse.

Ayant ainsi parlé, qu'auriez-vous fait ?

A l'instar d'Haroun-al-Raschid qui ne dédaignait point de se rendre compte de toutes choses, vous fussiez parti incontinent pour Alep.

Henry de Jouvenel n'y manqua point.

Comment, artiste et nourri de lettres ainsi que vous le connaissez, ne conserverait-il un inoubliable souvenir de ce voyage accompli, mi-partie en auto, mi-partie dans un train protégé par une section d'infanterie et un char de combat, à travers l'un des pays les plus riches, sinon le plus riche au monde de légendes païennes, de légendes bibliques et d'histoire ?

Pays où se succédèrent les civilisations phénicienne, romaine, byzantine et arabe, qui subit les invasions assyriennes et mongoles, que les croisés jalonnèrent de châteaux-forts dont les ruines, comme celles du château de

Tripoli où résidait la Princesse lointaine, entre les bras de qui Godefroy Rudel vint mourir, parlent avec tant d'éloquence à l'imagination.

Pays où tel village qu'on nomme Djebeil fut la Sainte Byblos d'Adonis et telle ville inscrite sur la carte sous le nom d'Hama, l'ancienne Emesse où naquit Héliogabale !

Déchu et connue épuisé par sa splendeur passée, mais susceptible, dit-on, de produire le blé en abondance si, quelque jour, on le peut cultiver selon les méthodes modernes, il n'est plus, au pied des montagnes qui le bornent, qu'une immense plaine rougeâtre, entièrement déboisée, semée de pierres, parcourue par de longues files de chameaux et où, de loin en loin s'élève un groupe de huttes pointues faites de terre battue et servant d'abris à de misérables familles de pasteurs.

De toutes les villes, de tous les villages située le long de la voie ferrée, les habitants, précédés de leurs mouktars, de leurs chefs religieux, de cavaliers montés sur de petits chevaux dont la queue et la crinière étaient passées au henné, de joueurs de tambour et de hautbois au son aigre, arrivaient en hâte pour saluer le représentant de la puissance mandataire, lui offrir des fleurs, lui apporter des vœux, parler de la chère France et de la côtelette syrienne, dont la noix voulait se séparer de l'os.

Le train stoppait.

« Sultan Jouvenel » écoutait les harangues qu'on lui traduisait phrase à phrase. Il y répondait. Et quand le train repartait, les cavaliers, dont quelques-uns étaient de très vieux hommes, se lançaient au galop et, dressés sur leurs étriers, suivaient le convoi pendant deux, trois, quatre kilomètres en criant des syllabes emportées par le vent, mais qui, nous n'en pouvions douter, étaient celles qui forment le nom de notre patrie lointaine.

A Alep, des drapeaux français frissonnaient aux fenêtres, d'admirables tapis pendaient aux balcons, les fanfares jouaient *la Marseillaise*. Mais, il faut bien le dire, et M. Henry de Jouvenel qui voit clair, vite et juste, ne manqua point de le remarquer, le musulman, le vrai, le seul Alépin était rare sur le chemin qui va de la gare aux salons de la Résidence.

M. Reclus était visiblement satisfait des choses, de la vie et de soi-même. Mme Reclus buvait la félicité à pleine coupe.

L'Œil de la France sur la Route des Caravanes de la Perse et de l'Inde, répéta de vive voix au Haut-Commissaire ce dont il lui avait rendu compte par lettres, télégrammes et messages téléphoniques, à savoir que le mouvement prenait d'heure en heure plus de force et qu'il n'était que temps d'ériger en État autonome la Syrie d'Alep, Homs, Hama et autres lieux.

Pour appuyer ses dires, il fit donner la garde !

En d'autres termes il prescrivit à son cawas d'ouvrir une porte. Parut alors un bon quarteron de magnifiques chefs arabes, coiffés de kéffiyé de soie bariolée retenu sur le front par la triple couronne d'or de l'agâl, et qui, par-dessus leurs robes blanches, avaient passé des abayes plus richement brodées que dalmatiques de cardinaux.

Ils avaient des visages de bronze, des yeux d'émail et rien n'égale la noblesse avec laquelle, s'inclinant devant le représentant de la puissance mandataire, ils décomposèrent, leur main ramant dans l'air, le salut oriental : « Je porte à mon cœur, à mes lèvres, à mon front, la poussière de tes chaussures. »

Ces seigneurs étaient les porte-voix de toute la Syrie septentrionale lasse d'être confondue avec celle de Damas, n'aspirant qu'à se séparer d'elle, à voter, à se donner une constitution et à montrer à la France quels sentiments elle nourrissait à son endroit.

Chacun d'eux prit la parole, prononça une harangue, heureusement assez courte mais énergique, et que traduisit l'interprète par le truchement duquel M. Henry de Jouvenel entendit vingt-cinq fois l'histoire de la côtelette.

Il l'écouta comme il sait écouter, en donnant toutes les apparences d'une inaltérable patience, en se caressant doucement les joues et le menton — et sans bailler.

Mais sur sort regard passait une ombre. Ainsi parfois, sur la surface ensoleillée d'un lac glisse le reflet d'un nuage errant.

Ennui ? Ou commencement de scepticisme ?

A mesure que se déroulait cette scène si bien réglée, trop bien réglée peut-être, les regards que M. Reclus lançait à son grand chef devenaient plus triomphants. Ils disaient, ces regards :

— Me suis-je trop avancé, Monsieur le Haut-Commissaire ?

« Ai-je pris mes désirs pour des réalités ? Après avoir entendu la Syrie du Nord tout entière parler par les voix de ces somptueux personnages des *Mille et une Nuits*, n'êtes-vous point convaincu que l'heure est venue de pratiquer un nouveau découpage dans les territoires placés sous mandat ? N'êtes-vous point convaincu que Gouraud eut bien raison quand, d'un sabre ignorant l'hésitation, il partagea ces territoires en cinq États et que ses successeurs furent vraiment coupables lorsqu'ils en réduisirent le nombre.

« Car, si l'État d'Alep subsistait, j'en serais nécessairement gouverneur, au lieu de n'être ici que le sous-fifre du Gouverneur de Damas.

« Croyez-moi, Monsieur le Haut-Commissaire, vous aussi, vous mériterez d'être appelé par l'Histoire : Jouvenel-al-Raschid, c'est-à-dire le Justicier, lorsque, d'un Reclus, vous aurez fait un roi. »

Et l'on voyait bien dans les yeux de Mme Reclus qu'elle pensait la même chose que son mari.

— Et maintenant, qu'on apporte les mazbattahs ! ordonna l'Œil de la France sur la Route des Caravanes de la Perse et de l'Inde :

Le cawas quitta le salon. Il y reparut peu après ployant sous le faix d'un demi-quintal de rouleaux de papier qu'il déchargea sur le tapis.

Alors on vit ceci : le candidat à la royauté d'Alep prit un des rouleaux qui, en ses mains diligentes, devint bande plane longue de quatre mètres au moins, décorée de belles signatures calligraphiées en noir et frappée de cachets violets.

Un autre rouleau, un autre, et puis un autre encore.

— Ce sont les mazbattahs, Monsieur le Haut-Commissaire, prononça M. Reclus.

— Bien, dit simplement M. Henry de Jouvenel.

— Les mazbattahs ou pétitions par lesquelles des milliers et des milliers d'habitants de la Syrie septentrionale demandent leur autonomie…

— Bien, dit encore M. Henry de Jouvenel.

*
* *

M. Henry de Jouvenel est resté trente-six heures à Alep. Lui seul et Dieu savent combien, au cours des thés et banquets qui lui furent, offerts, il entendit de harangues séparatistes, combien on lui présenta de mouktars et moutéssariffs, de muftis et d'imams qui lui racontèrent l'histoire de la côtelette !

Et voilà pour lui ! comme dit Shahrazade.

Pour ce qui est de moi, je fus visiter la Citadelle, prodigieuse masse de pierres noires et roses érigée par les Arabes conquérants au sommet d'une colline artificielle et dont la puissance farouche n'a d'égale que celle des tombeaux des Mamelouks au Caire.

Circulant parmi cet amas de mines et de décombres, j'étais confondu par l'épaisseur de ces murailles, la hauteur de ces tours, la hardiesse de ces ponts. J'admirais ces portes de fer et de bronze, ces vestiges de palais, de Mosquées et de bains construits par les émirs, ces escaliers en pente douce que vingt chevaux montés par des hommes en armes pouvaient gravir de front.

Pourtant je conservais assez de liberté d'esprit pour me féliciter de la situation politique dont, grâces en soient rendues à l'Œil de la France sur la Route des Caravanes de la Perse et de l'Inde, j'avais eu la révélation, lorsque je me trouvais devant une large brèche pratiquée dans la muraille d'enceinte par le temps, les tremblements de terre ou les hommes dont la démence destructive s'affirme sous tous les ciels avec une fureur égale.

A travers cette brèche, j'aperçus une ville qui s'étendait jusqu'aux confins du désert brillant au loin comme une fournaise sous le soleil. Coupée de jardins et de vastes cimetières plantés de cyprès, elle était composée d'innombrables petites maisons cubiques. Çà et là, des minarets se dressaient, des coupoles s'arrondissaient.

Je crus être le jouet du mirage qui, bien des fois, déjà, m'avait fait voir des cités sur la mer, des montagnes sur la plaine, des côtes battues par le flot au milieu des terres.

Je demandai néanmoins à l'officier du génie qui m'accompagnait :

— Qu'est-ce ?

— La ville indigène. La ville purement arabe. Elle est construite au-dessus d'un inextricable méandre de souterrains aboutissant à cette citadelle et qui, jadis, pendant les longs sièges qu'elle eut à soutenir, permettaient son ravitaillement. J'ai exploré une très faible partie de ces souterrains pour essayer de leur arracher leur secret, d'en dresser un plan. A chaque pas j'ai trouvé des squelettes de gens qui s'y étaient égarés. Moi-même, lorsque je m'y rends, toujours accompagné d'une dizaine de soldats du génie, j'emploie tous les moyens d'orientation et de repérage connus. Pourtant, si mes hommes et moi n'étions liés les uns aux autres par des cordes, ainsi que font les alpinistes, nous nous égarerions infailliblement et subirions le sort de ceux dont nous retrouvons les restes.

Hier encore, il m'est arrivé ceci : je m'étais engagé seul dans un couloir en labyrinthe. J'étais muni d'un téléphone portatif relié par un long fil souple à un appareil qu'un de mes hommes demeuré à l'entrée tenait en main. Je marchais lentement en relevant avec soin le plan du couloir, toutes ses cotes, tous ses angles. Brusquement j'eus une surprise. Je constatai que mon fil, qui traînait derrière moi, était croisé sur le sol. J'étais revenu sur mes pas. Sans la précaution que j'avais prise, je me serais perdu. Mon plan n'aurait pu me permettre de retrouver mon chemin. Je n'ai pas encore compris ce qui m'est arrivé…

L'officier étendit la main dans la direction de la vieille ville.

— Cent mille personnes, plus peut-être, vivent là isolées, sans état civil, sans avoir été recensées. Elles ne viennent presque jamais dans la cité que vous connaissez. Et nul ne saurait dire, bien entendu, ce qu'elles pensent, ce qu'elles désirent. Vous avez devant vous le mystère asiatique et islamique.

*
* *

Trois heures plus tard, je rentrais dans l'Alep moderne, officielle, celle dont l'âme, le cœur et les reins furent sondés par M. Reclus, l'Alep des larges voies, du commerce, de la banque, des hôtels dits à l'européenne, et même des dancings et des cafés chantants-variétés : je venais de visiter la ville arabe.

Escorté par deux chaouichs en armes, qui m'ayant vu m'engager en ces lieux, où peu d'Européens s'aventurent, et concevant sans doute quelque crainte pour ma sécurité, m'avaient spontanément suivi, j'avais parcouru d'étroites rues en chicane, bordées de maisons aux portes blindées, aux fenêtres grillées de fer par-dessus les moucharabiehs de bois et dans lesquelles vit cloîtrée, invisible, impénétrable, la population sédentaire.

Sur les places, dans les souks, aux portes des grands caravansérails hantés par le bédouin du désert, sur les canapés de bois des cafés, j'avais vu, drapés dans leurs beaux manteaux de poil de chameau ou de soie, ces nomades orgueilleux, de magnifique prestance, dont nous connaissons la richesse, la puissance, la valeur guerrière, dont nous savons qu'ils sont pourvus en abondance d'armes de munitions, mais dont nous ignorons si profondément les sentiments !…

Méditant sur ce que je venais de voir, pensant à l'ardente curiosité, pour ne point écrire à l'émotion que j'avais soulevée en errant à travers la vieille ville, me rappelant l'expression de certains regards, je pensais aux paroles si optimistes, si péremptoires aussi du descendant de l'illustre famille, aux protestations des personnages des *Mille et une Nuits* présentés par lui à M. Henry de Jouvenel, aux banquets, aux thés, aux discours officiels, aux confidences privés, aux mazbattahs bariolées déroulées sur le tapis de la Résidence et à l'histoire tant de fois répétée de la côtelette.

Et je me permettais d'estimer en mon for :

— Je crains bien que ce Reclus, qui voudrait si ardemment être roi, ne se fasse des illusions. Avant de s'engager et d'engager le Haut-Commissaire, c'est-à-dire la République, dans cette aventure, que n'a-t-il fait seulement la courte tournée dont j'arrive ?

« Pourquoi, oui, pourquoi, l'Œil de la France sur la Route des Caravanes de la Perse et de l'Inde, n'a-t-il abaissé son regard sur l'agglomération de petites maisons aux toits plats qui s'étend entre la vieille citadelle des Émirs et le désert ? »

*
* *

Quinze jours ont passé.

Les élections ont eu lieu dans tout le vilayet d'Alep.

L'Assemblée constituante s'est réunie.

Au cours de la première heure de sa première séance, elle a émis un vote à l'unanimité.

Pour affirmer son inaltérable attachement à Damas.

Pour protester contre toute tentative qui pourrait être faite de procéder à un nouveau morcellement des territoires placés sous mandat.

Pour se proclamer fidèle à l'idée de l'unité syrienne.

Afin de montrer que, par ce vote, elle exprime les sentiments de la population, elle a fait parvenir au Haut-Commissariat un demi-quintal de mazbattahs décorées de belles signatures calligraphiées en noir, et frappées de cachets violets, aux termes desquelles tout ce qui compte en Syrie septentrionale déclare qu'Alep et Damas ne font qu'un seul corps ayant même cerveau, même cœur, mêmes entrailles.

La noix de la côtelette ne veut pas être séparée de son os.

Dans l'aventure, M. Reclus, n'a perdu qu'une chance de recevoir de l'avancement.

La France a perdu un peu de son prestige.

C'est plus grave.

VI
L'affaire Sarrail

Sarrail !

Il suffit de lancer ce nom dans la conversation pour qu'immédiatement les esprits se passionnent, pour que les hommes les plus pondérés, les plus réfléchis perdent toute mesure, tout esprit critique, toute objectivité.

Pour prononcer le panégyrique de celui qu'ils appellent «le général républicain», les uns vont jusqu'à l'hyperbole. Les autres chargent le «bas politicien» de tous les péchés, lui attribuent les actions les plus viles, nient même ses qualités et les magnifiques services rendus par lui à la patrie.

Ainsi, lorsque, de 1894 à 1899, l'on citait les noms de Zola, de Picquart, de Pressensé, de Mirbeau, de Gohier et que, selon le camp auquel on appartenait, on tenait ces hommes pour héros ou pour traîtres.

On ne sait, à vrai dire, pourquoi Sarrail symbolise aux yeux des républicains de gauche, l'armée et l'esprit démocratiques. La Ligue des Droits de l'Homme l'a appelé à siéger au sein de son Comité central. Maints groupements cartellistes lui ont conféré une manière de présidence d'honneur. Et les antimilitaristes eux-mêmes ne sont pas très éloignés de le réclamer comme l'un des leurs.

Ce qui est proprement bouffon.

Aussi bouffon que si l'on apprenait demain que Mgr l'Archevêque de Paris est devenu libre-penseur ou M. Jean Hennessy président d'une ligue antialcoolique !

Car, enfin, personne n'est contraint au généralat.

Pour recevoir les étoiles, il faut avoir donné un certain nombre de gages d'orthodoxie et je ne sache point que l'églantine rouge s'épanouisse parmi les feuilles du chêne !

Les réactionnaires haïssent Sarrail. Ils lui reprochent son goût pour la politique. Ils l'accusent de sectarisme, d'anticléricalisme et, usant d'un argument-massue, affirment qu'il appartient à la franc-maçonnerie — ce qui, d'ailleurs, est inexact.

Qu'un incident grave auquel le nom de Sarrail est mêlé se produise ? Les esprits s'échauffent. Selon leur nuance et sans se donner le souci d'examiner les faits, les journaux dressent des réquisitoires contre ce diable d'homme ou entonnent son los.

L'affaire vient-elle devant le Parlement ?

Celui-ci n'est plus composé de juges, mais de partisans. De partisans également aveuglés, également empressés, les uns à défendre leur idole, à n'admettre point qu'on y porte une main sacrilège, les autres à ruiner le prestige de celui qui, durant la guerre, fut l'un des plus éminents chefs de notre armée.

Bien entendu, une telle passion, une telle certitude d'exprimer la vérité animent seulement ceux-là qui ne connaissent point Sarrail ou le connaissent mal et qui ne le virent pas à l'œuvre.

Les renseignés observent plus de réserve. Eux seuls pourraient s'exprimer avec quelque pertinence sur le général, eux seuls pourraient montrer les lumières et les ombres de cette figure. Mais comment se faire entendre parmi tant de déments, tant de sourds bien décidés à le rester ? Comment, enfin — et pourquoi ? — passer pour thuriféraire aux yeux des uns, pour contempteur aux yeux des autres ?

J'irai allègrement au-devant de ces deux risques et, me tournant d'abord du côté des adversaires du général — c'est, à peu de chose près, ceux de la République — je leur dirai :

— Il est possible que Sarrail ait un goût prononcé — trop prononcé pour la politique. Mais les autres généraux sont-ils tous tellement neutres ? Et n'est-ce pas nourrir une grande illusion que de prétendre qu'on ne fait pas de politique dans l'armée ?

— Sarrail est sectaire, dites-vous. Ne trouvent grâce devant lui que les radicaux-socialistes, les francs-maçons. C'est aux officiers de cette nuance qu'il réserve ses faveurs, accorde avancement et décorations. Les autres, il les moleste et les brime.

Légende ! A Salonique, où trois années durant, je fus témoin de l'œuvre de Sarrail, celui-ci, qui avait appelé à son état-major des hommes comme le duc de Mouchy, comme M. de Villemorin, qui, je le crois du moins sont assez bien-pensants à tous les points de vue, comme feu Laurent-Vibert, réclamé par l'Action française pour l'un des siens, ne molesta jamais un subordonné à l'occasion de ses opinions ou de ses croyances.

Jamais Sarrail ne s'opposa à aucune manifestation du culte. Il entretenait les relations les meilleures, les plus cordiales avec certains ecclésiastiques, notamment avec le R. P. Lobry, visiteur général des Lazaristes, l'un des hommes qu'il consultait le plus volontiers sur les affaires macédoniennes.

Comment, d'ailleurs, s'il eût été le farouche anticlérical que l'on dit, eût-il sollicité les bons offices d'un Ministre de l'Église Réformée lorsqu'il se remaria ?

Mais ce sont là arguments misérables pour combattre un soldat qui se peut prévaloir des états de service les plus éclatants, l'un des artisans de la Victoire de la Marne, l'organisateur de la Victoire de Macédoine, victoire que Clemenceau fit remporter par un autre afin de frustrer de sa gloire l'homme de Verdun et de Salonique qu'il haïssait — peut-être parce qu'est affligé d'un aussi détestable caractère que lui-même !...

Et c'est une chose, une des choses, que le Vieux Vendéen ne saurait pardonner !

Car enfin, malgré les attaques dont, en France, il était l'objet de la part d'adversaires qui, en pleine guerre, en pleine union sacrée, ne rougissaient point de mener contre lui la campagne la plus perfide, bien qu'on lui refusât des effectifs et nonobstant son armée décimée par le paludisme, Sarrail a tenu le coup pendant trois ans en Macédoine.

Ayant à faire face à d'innombrables problèmes, des ordres les plus divers, il les résolut en grand soldat, en parfait administrateur et ceux qui ont visité le camp retranché de Salonique doivent rendre hommage à son œuvre vraiment admirable.

Alors que d'autres chefs attendaient, en dormant, que la victoire leur fût apportée par quelque puissance surnaturelle, Sarrail travaillait inlassablement.

Il travaillait à son plan. Et quand celui-ci fut prêt, que toutes les dispositions en furent arrêtées, on rappela brutalement son auteur. On lui donna Guillaumat pour successeur, puis Franchet d'Espérey. Les lauriers étaient coupés. Il ne s'agissait plus que de les ramasser.

C'est une grande honte pour la République : Sarrail ne fut point nommé maréchal de France et, seul de tous les généraux ayant commandé devant l'ennemi, il ne défila point sous l'Arc de Triomphe le 14 juillet 1919.

Clemenceau avait assouvi sa haine.

— Mais vous aussi, dira-t-on, vous prononcez le panégyrique de Sarrail. Vous aussi, vous êtes un de ses thuriféraires.

Qu'on ne se hâte donc point de conclure ! J'ai écrit que, comme toutes les figures de premier plan, celle de Sarrail comporte lumières et ombres. On a vu les premières, voici les secondes :

J'admets que Sarrail, comme Clemenceau, est attaché aux principes de 89.

Mais Sarrail démocrate ? Sarrail réclamé par la démocratie et se réclamant d'elle ? Sarrail adopté, choyé, défendu par les organisations et les groupements démocratiques ?

Ah ! non.

Violent et brutal, ne souffrant aucune contradiction, ayant plus qu'homme vivant le goût de l'autorité, persuadé de détenir en toutes choses la vérité, brisant qui lui résiste, fût-il son meilleur ami et le plus dévoué, ingrat de surcroît, Sarrail n'est pas un démocrate.

C'est un tyran, un despote !

Quant à sa présence au Comité Central de la Ligue des Droits de l'Homme, elle me confond. Elle confond tous ceux qui furent mes camarades de l'armée d'Orient et qui rassemblent leurs souvenirs. Car, enfin, quel général fut moins accessible à la pitié que Sarrail ? Quel prononça autant d'arrêts de déportation dans les camps ? Quel ordonna autant de fusillades sans jugement ? Quel enfin, pour éviter que des pourvois en grâce ou en cassation pussent être introduits, fit hâter des exécutions prononcées par le Conseil de Guerre ?

Qu'il me suffise ici de rappeler, à l'intention des initiés, l'aventure de Thémistocle, Préfet de Police de Koritza d'Albanie, comparaissant devant le Conseil de Guerre de Salonique, dans la même semaine où il avait reçu la croix de guerre, condamné à mort à six heures du soir et fusillé le lendemain, à l'aube au camp de Zeitenlick.

Sarrail démocrate ! Sarrail membre du Comité central de la Ligue des Droits de l'Homme et demandant la suppression des Conseils de Guerre ! On croit rêver[4].

[4] Il eut le dessein de fonder à Beyrouth une section de la Ligue des Droits de l'Homme. Un républicain de gauche, militant sincère, de la plus grande conscience et d'une parfaite probité, à qui il s'ouvrit de son projet lui dit :

— Mon général, vous n'en ferez pas partie ?

— Et pourquoi ?

— Parce que vous devriez être exclu de la Ligue non seulement comme membre du comité central, mais comme simple adhérent, N'avez-vous pas retiré aux Français de Syrie la liberté de réunion dont ils ont toujours joui et que tous vos prédécesseurs ont respectée ? N'avez-vous pas supprimé la liberté de la presse ?

Sarrail n'insista pas.

Il se peut qu'aux heures de non-activité, d'inaction, il tienne les mêmes discours que ses amis politiques, écrive de la même encre que celle dont ils usent. Mais, lui donne-t-on un nouveau commandement ? Lui accorde-t-on une autorité sans contrôle ? Il redevient Sarrail, c'est-à-dire un Galiffet — un Galiffet sans la fantaisie.

*
* *

Depuis que je suis en Syrie, que j'essaie de m'informer de mon mieux de la situation politique et militaire, que je m'entretiens chaque jour avec de nombreux Syriens de toutes les confessions et quantité de Français appartenant à tous les partis, le nom de Sarrail est revenu sans cesse dans les propos qui m'ont été tenus.

Adversaires et partisans du général m'ont parlé de lui avec passion : ceux-ci, en petit nombre, pour le louer sans mesure ; ceux-là — ils représentent l'immense majorité — pour le rendre responsable de toutes les difficultés que nous avons rencontrées ici.

J'ai écouté les uns et les autres. J'ai confronté les affirmations, vérifié les faits et je dois assez bien situer la question en rapportant deux phrases qui, entre tant d'autres, me frappèrent.

La première fut prononcée par un officier qui est mon ami depuis de longues années. Il aime et admire Sarrail. Il l'a servi avec dévouement en France, en Macédoine, en Syrie. Il lui est resté inébranlablement fidèle pendant les heures de disgrâce.

— Quand j'ai appris, m'a-t-il dit, que le gouvernement envoyait Sarrail ici, j'ai pensé qu'il commettait une faute grave. Parce que je connais ce pays si plein de surprises et de pièges, ce pays où l'élément religieux chrétien, à qui Gouraud et Weygand donnèrent tant de gages, est puissant, actif et jaloux de ses prérogatives, j'ai dit : « Faire venir le Patron en Syrie, c'est vouloir qu'il s'y casse les reins. Il n'a rien pour y réussir. Il a tout pour y échouer. Tout, notamment son passé de libre-penseur. »

Voici la seconde phrase :

— Monsieur, m'a confié un fonctionnaire, je fus élevé chez les Jésuites. Mes parents, mes amis, et moi-même, sommes les adversaires politiques de Sarrail. Eh bien, lorsque j'ai vu quels procédés on employait pour le « torpiller », j'ai compris l'affaire Dreyfus !

Donc, tel partisan de Sarrail, exprimant non seulement son opinion, mais celle d'un grand nombre de ses camarades, estime qu'on se trompa en envoyant « le Patron » dans le Levant.

Donc tel adversaire, que l'esprit de parti n'aveugle point, déclare que le général fut victime d'une machination !

Pour autant qu'on se puisse flatter de découvrir la vérité, aux lieux où Renan apprit qu'elle diffère de l'erreur par des nuances aussi indiscernables que celles du cou de la colombe, on peut admettre qu'elle se dégage des deux phrases que je viens de citer.

*
* *

Pourquoi fut-ce une bévue de nommer Sarrail Haut-Commissaire en Syrie ? D'abord parce que, de l'avis unanime, on considère que Weygand, excellent soldat, intelligent et pondéré, n'ayant commis d'autres fautes que celles reprochées à ses prédécesseurs, et que peut-être ses successeurs n'éviteront pas, rien ne justifiait son rappel.

Mais il y a plus. La réputation de Sarrail le précède ou qu'il aille. Elle ameute partout contre lui les milieux que vous savez. Connaissant Beyrouth, n'ignorant point combien l'élément religieux chrétien y est turbulent, et enclin à faire de la politique, on eût dû comprendre qu'inévitablement l'arrivée du général provoquerait des incidents.

Et puis, ce chef éminent est très éloigné d'être le politicien qu'il se croit. La diplomatie n'est vraiment pas son fort ! Tout d'une pièce, il manque de souplesse. Timide, médiocrement doué pour la discussion, il est porté à la violence et nul plus que lui n'ignore par quelle voie on peut revenir sur une erreur !

Enfin, partout où il passa, c'est un fait indéniable, « il eut des histoires ».

Lorsque, chez les chrétiens et surtout chez les ecclésiastiques, on apprit le rappel de Weygand et le nom de son successeur, en considéra la nomination de celui-ci comme une provocation et comme une calamité.

Quelques protestataires étaient sincères. La réputation que ses adversaires français avaient faite à Sarrail était venue jusqu'à eux. C'est de bonne foi, par conséquent, qu'ils résolurent de ne point collaborer avec celui en qui ils voyaient un farouche adversaire de leur foi.

Mais les autres, ceux pour qui la Croix n'est pas seulement un emblème religieux, mais une arme politique et guerrière, ceux qui, à force de démarches, d'intrigues, avaient fini par parler en maîtres au Grand Sérail, à installer des hommes à eux dans toute l'Administration, qui étaient devenus agressifs, intransigeants, réclamaient, exigeaient sans cesse des privilèges au nom des saintes traditions, aperçurent avec effroi et colère la fin de leur règne.

Ils se levèrent en masse pour combattre celui qui allait prétendre les soumettre à la loi commune, — c'est-à-dire les persécuter !

— Le malheur est arrivé, s'écriait le R. P. Remy, capucin, en se jetant dans les bras d'un du Paty de Clam, fonctionnaire au Petit-Sérail.

Alors, dût la France en être atteinte, on s'apprêta à lutter contre le sectaire, l'anticlérical, le pseudo franc-maçon Sarrail. On prépara les batteries pour le recevoir.

Et d'abord, on imposa aux enfants des écoles religieuses une minute de silence en signe de deuil.

Puis certain journal, organe des Jésuites, entra immédiatement en campagne.

Est-il vrai, comme on me l'affirma, qu'il reçut la forte somme d'une ligue présidée par le général de Castelnau pour faire la jolie besogne consistant à discréditer un soldat français aux yeux des populations qu'il allait administrer ? Je n'ai pu établir le fait. Mais avec quelle violence, ne reculant devant aucun procédé, il multiplia attaques et insinuations.

D'une autre feuille, maronite celle-là, où l'on put lire cette phrase qui sonne comme un ordre : « Le mandat doit s'appuyer sur la communauté maronite », prit aussi part à la furieuse offensive.

On fit l'appel des volontaires. Ils affluèrent. Des fonctionnaires du Haut-Commissariat, des officiers de terre et de mer se répandirent un peu partout en ville pour y colporter des calomnies sur la vie privée du général, lui prêter des actions que jamais il ne commit, raconter des anecdotes saloniciennes riches d'épisodes scandaleux.

Ah ! L'aventure de la princesse russe ! Ah ! les histoires d'infirmières ! Ah ! les orgies du Consulat de Bulgarie ! Comme tout Beyrouth s'en délecta !

On vit un chef de cabinet brûler publiquement le journal qui publiait la nouvelle de l'arrivée prochaine du Haut-Commissaire et l'on assista à ce spectacle dans les couloirs du Grand-Sérail où sont installés les Bureaux de l'État-Major :

Un lieutenant appartenant au service des renseignements, s'étant collé, en triangle, trois pains à cacheter sur le front (vous comprenez l'allusion), se promena une heure durant en multipliant des gestes empruntés au rituel maçonnique.

Citerai-je le nom de cet officier ? A quoi bon !

C'est dans cette atmosphère que débarqua le général. Quand, accompagné de Mme Sarrail et de ses deux enfants, il mit le pied sur le quai de Beyrouth, il était vaincu.

*
* *

Se sachant peu désiré et prévoyant sans doute les attaques dont il allait être l'objet, fut-il du moins habile ? Adopta-t-il une attitude propre à lui conserver la sympathie de ses amis politiques, et lui attirer celle des neutres, à détruire certaines préventions ?

Point. Il fut cassant, provoquant, et lui, si dénué d'esprit, prétendit se montrer spirituel !

Dans l'heure qui suivit son arrivée, on lui présenta au Grand-Sérail tous les officiers de la garnison de Beyrouth. Il ne serra la main d'aucun et, prenant la parole, déclara sur ce ton amène qui lui est propre :

— Vous êtes beaucoup trop nombreux. Je vais procéder à d'énergiques compressions. Et, pour commencer, je donne l'ordre au général Naulin de prendre le premier bateau pour la France. (A ce moment, Mme Naulin ornait de fleurs la Résidence des Pins où Sarrail allait s'installer.)

« Maintenant, je voudrais vous inculquer un certain nombre de principes. Vous pouvez dire du mal de moi, mais que cela ne me revienne pas aux oreilles. Si vous avez une réclamation à présenter, je vous écouterai. Si je dis « non » je vous autorise à revenir. Si je dis encore « non » que je ne vous revoie pas !… Vous êtes ici pour servir la République. Rompez ! »

Les officiers rompirent, mais le ton sur lequel le nouveau chef venait de leur parler leur causa, on le conçoit, quelque surprise.

Quelques jours plus tard, Sarrail était reçu par l'« Union Française ». Il eut un mot aigre-doux pour chacun. A un médecin principal de l'Armée, directeur d'un hôpital fort important, il dit :

— Je vous connais !… Bon praticien, mauvais caractère.

Prenant la parole pour répondre à l'allocution du président, il déclara :

— Dans cette salle, il y a certainement des gens qui disent du mal de moi. A ceux-là je puis affirmer que je me moque de leurs appréciations.

Les Français à qui, en don de joyeux avènement, le Représentant de la République en Syrie adressait ces paroles, eurent-ils tout à fait tort de ne point les trouver du meilleur goût et de prétendre « qu'on les avait convoqués pour les faire engueuler ».

Autre réception. A la résidence d'Alep. Le général se tient debout sur le palier du grand escalier. Désignant les invités, et de la même voix qu'il prendrait pour commander la charge, il demande à son entourage :

— Y a-t-il des gens intéressants dans tout cela ?

Il passe la revue des boutonnières. Avisant un frère de la doctrine chrétienne qui porte le ruban vert et jaune, il l'interpelle :

— Où avez-vous attrapé ça ? J'ignorais que les religieux eussent droit à la Médaille Militaire.

— Aussi bien, mon général, n'est-ce pas en qualité de religieux que je l'ai gagnée, mais comme sergent mitrailleur, à Ourfa, en 1919.

A un chevalier de la Légion d'honneur :

— Et vous, c'est à titre militaire ?

— A titre civil, mon général.

— Ah ! que faisiez-vous donc dans le civil ?

— Sous-préfet des régions libérées où je dois avoir rendu quelques services.

— C'est possible, après tout !... Mais vous me paraissez bien jeune !...

Ce soir-là, les Français qui venaient saluer le Haut-Commissaire et que ces dialogues sur l'escalier avaient édifiés firent demi-tour.

Le lendemain, Sarrail était à Alexandrette. Le Président de la Chambre de Commerce offrit de lui faire visiter le port.

— Nous avons un certain nombre de souhaits à formuler, dit-il.

— Je ne veux pas que vous m'embêtiez avec vos histoires. Vous êtes des mercantis. Et les mercantis, je suis venu en Syrie pour les supprimer.

Je laisse à penser l'effet que produisirent ces boutades, ces gentillesses renouvelées de celles du Père Ubu et comment les adversaires de Sarrail les exploitèrent contre lui.

———

Pourtant, sur l'ordre d'un chef d'orchestre invisible, les hostilités furent suspendues.

On voulait mettre Sarrail à l'épreuve, savoir si, vraiment, il aurait le front de se comporter en libre-penseur dans un pays où Weygand lui-même qui, pourtant, ne peut être suspecté de tiédeur religieuse, s'écria un jour en parlant des jésuites : « Je suis las de leur tyrannie. »

On lui offrit les honneurs liturgiques. Il les refusa. C'était son droit. On le convia à des cérémonies dans des écoles confessionnelles. Il les éluda. C'était aussi son droit.

On l'avait attendu là. Il devenait évident que le « Général Rouge » ne faillirait point à ses principes. La trêve prit fin.

Les journaux des Jésuites et des Maronites publièrent articles et échos d'une insigne malveillance. Des lettres, des pétitions, des télégrammes furent adressés au président du Conseil et au président de la République, pour réclamer le rappel du Haut-Commissaire.

Des réunions clandestines se tinrent de nuit entre fonctionnaires et officiers. Chacun y apportait les renseignements, les petits papiers qu'il avait pu se procurer à l'occasion de ses fonctions. Et l'on rédigeait en collaboration des articles destinés aux journaux parisiens anticartellistes.

On souhaitait ouvertement que Sarrail « ramasse une belle bûche ». Ce vœu, qui attestait tant de patriotisme, ne devait pas être formulé en vain : quelques mois plus tard, la révolte des Druses éclatait.

*
* *

Que n'a-t-on dit, écrit, sur la révolte druse ?

Les ennemis français de Sarrail, saisissant avec l'empressement que l'on sait toutes occasions de le combattre, même en attentant à la vérité, ont voulu lui attribuer l'entière responsabilité d'une situation extrêmement grave et confuse, d'événements qui se fussent passés même s'il ne fût jamais venu en Syrie puisque, dès longtemps, ils étaient préparés.

Non par les Druses eux-mêmes. Mais par les adversaires du mandat qui se sont servis de Soltan-el-Attrache et de ses hommes comme de mercenaires.

Car la rébellion n'a pas le caractère national que lui prêtèrent les auteurs d'une polémique dont on ne saura jamais combien elle nous fit de mal et diminua notre prestige aux yeux des populations syriennes.

Elle n'est qu'un épisode de la grande lutte entreprise contre nous et dont j'ai longuement parlé.

Quand on a rapproché certaines informations, établi un synchronisme parfait entre tels faits (attaques de nos postes de la frontière hauranaise, incursions de bandes dans les jardins de Damas, troubles dans la région de Homs-Hama, destructions de voies ferrées) on ne saurait douter, en effet, que ces diverses actions font partie d'un plan d'ensemble mûrement élaboré et dont les auteurs confient l'exécution à tous les auxiliaires qu'ils se peuvent procurer.

Et quand on a constaté que les gens du Haurran ne nous font la guerre que grâce aux armes qui leur viennent de Transjordanie et de Palestine, on comprend que notre alliée, continuant à considérer les Druses comme ses fidèles clients, n'entend point les priver des moyens de tuer nos soldats[5].

[5] Ce sont, bien entendu, des fabricants européens : anglais, allemands — peut-être d'autres encore ! — qui fournissent armes et munitions à Soltan-el-Attrache.

Partis de plusieurs ports occidentaux, Hambourg notamment, de petits bâtiments vont aborder sur des côtes qu'ils savent non surveillées : en Tripolitaine, près de la frontière égyptienne et aussi dans le golfe Persique.

Débarquées sans encombre, les armes sont ensuite acheminées à dos de chameaux à travers les déserts jusqu'en Transjordanie. Elles sont vendues à des trafiquants indigènes qui les cèdent à leur tour aux Druses.

Et tout le monde trouve son compte dans cet honnête commerce qui ne pourrait évidemment s'exercer sans certaines complicités...

Carbillet au Djebel

En dehors des militaires, combien de Français sont allés jusqu'à Soueïda-la-Noire ? Combien avaient entendu parler des Druses avant la défaite qu'ils infligèrent au général Michaud ?

Sur un massif[6] montagneux, tourmenté, volcanique, difficilement accessible, limité à l'est par le désert de Syrie et à l'ouest par la frontière de Transjordanie, vit une population primitive de pasteurs et de cultivateurs qui, au douzième siècle, se séparant de l'Islam, devinrent les sectateurs d'une religion singulière dont le fond est la métempsychose et dont on assure que nul chrétien, nul musulman, nul juif, n'a réussi, jusqu'ici, à pénétrer les arcanes.

[6] C'est le Haôuran qu'Ézéchiel donne comme frontière nord-est au pays partagé entre les douze tribus d'Israël (XLVII-18). Ce massif porte sur les cartes modernes le nom de Djebel Hauran ou Djebel Druse.

Sobres et travailleurs, mais fanatiques, les Druses haïssent tous ceux qui ne partagent point leurs croyances et contre lesquels, au cours des siècles, ils n'ont cessé de lutter de façon sauvage.

Jamais, lorsqu'ils étaient sujets de l'Empire ottoman, ils ne se sont soumis au joug des Turcs et, pour avoir raison d'eux, ceux-ci durent, à plusieurs reprises, ravager le pays, détruire les villages, exterminer les habitants, pendre en masse les notables[7]. Et toujours l'insurrection renaissait.

[7] En 1910, les Druses sollicitèrent l'aman seulement après que l'armée turque envoyée pour les réduire (10 régiments d'infanterie, 5 batteries dont quatre de montagne, 3 escadrons réguliers et de nombreux partisans) eut incendié plus de 150 villages, confisqué 30.000 armes, tué 6.000 combattants, pendu 30 chefs et traduit 80 autres en conseil de guerre !

En vérité, les Druses ne reconnaissent que l'autorité de leurs chefs religieux et celle des familles féodales. Encore celles-ci se déchirent entre elles et le Haouran est-il perpétuellement le théâtre de leurs luttes.

Quand l'Angleterre et la France se partagèrent les provinces détachées de l'Empire ottoman, le Haouran nous échut. Et, vraiment, lorsque, ayant consulté la carte, on constate que, pour nous laisser ce morceau, nos voisins donnèrent, à la frontière qui devait séparer notre domaine du leur, la forme d'une poche, d'une poche au fond de laquelle ils nous laissèrent les Druses dont, cependant, ils étaient les protecteurs depuis 1860, nous ne pouvons que leur savoir gré de leur générosité !

Dès qu'ils furent placés sous notre tutelle, les Druses nous créèrent des difficultés, comme ils en avaient créé aux Turcs, comme ils en créeront à toutes les autorités dont il leur faudra dépendre. Travaillés et largement pourvus d'or par nos adversaires de l'extérieur, convaincus par eux qu'ils seraient plus heureux, riches et puissants si le mandat sur la Syrie était exercé par l'Angleterre, les chefs féodaux organisèrent des troubles et, à plusieurs reprises, il fallut que nos troupes allassent réduire ces farouches montagnards.

Avant Sarrail, a-t-on écrit, le calme et la tranquillité régnaient chez les Druses.

Eh bien ! c'est une fable. Depuis que nous sommes en Syrie, nous n'avons cessé d'être obligés de multiplier les expéditions dans le Djebel ainsi que l'attestent les décrets des 13 avril et 27 octobre 1923 portant attribution de la médaille de Syrie aux militaires ayant pris part à diverses opérations.

Il serait hors de propos et fastidieux de donner ici le détail de ces répressions. Grâce à elles, tant bien que mal, nous parvînmes à ramener l'ordre dans le Haouran. Pour l'y maintenir, pour administrer ce pays si difficile, il fallait un homme énergique, actif, doué de qualités diverses et qui réussirait à calmer la turbulence des féodaux. Weygand y envoya certain capitaine Carbillet avec le titre de gouverneur.

Ah ! le singulier personnage ! Ah ! l'étonnante figure ! En dépit d'un physique qui, pourtant, paraît le mettre à l'abri de toutes les aventures et nonobstant un absolu dédain pour les soins qu'on doit accorder à sa guenille, Carbillet avait eu des aventures au Maroc.

Quelles ? Il suffit sans doute, pour qu'on en devine la nature, d'écrire qu'il est délicat de les définir et d'ajouter que celui qui en fut le héros usa, abusa, en ces occasions, de l'autorité que trois galons lui conféraient sur des légionnaires.

Mais, tel que le voici, Carbillet est un homme admirable. Je le dis sans ironie. Il se consacra avec passion, intelligence, générosité à la tâche qui lui était dévolue et qu'il remplit avec un parfait désintéressement[8].

[8] Jamais il ne consentit, bien qu'il fût pauvre, à toucher les indemnités afférentes à ses fonctions.

Il traça des routes, ouvrit des dispensaires, planta des arbres, construisit un aqueduc de dix-huit kilomètres pour amener à Soueïda l'eau de la montagne, réforma les finances, emplit les caisses de l'État, fit des fouilles, découvrit des trésors, fonda plusieurs musées lapidaires, créa des écoles. Et le Français qui parcourt aujourd'hui le Djebel et qui entend les petits Druses lui parler dans sa langue doit cette surprise, cette émotion à Carbillet !

Infatigable, doué d'une étonnante faculté de travail, s'étant donné tout entier à ce pays sur lequel, quand il en eut été éloigné, il devait écrire les lettres les plus belles, les plus émouvantes : « J'ai laissé mon cœur au Djebel, je l'aime comme ma seconde patrie. » Carbillet a tracé dans le Haouran une page lumineuse dont la France doit lui savoir gré.

Mais, le principal de sa mission ne consistait-il point à abattre la superbe, à ruiner les ambitions des seigneurs dont chacun revendiquait les prérogatives des émirs qui, jadis, régnaient sur la montagne ?

Carbillet fonça sur les maîtres du Djebel.

— Je suis une brute, dit-il de lui-même.

En vérité, il fut brutal. (Peut-être le fallait-il.) Il ne se soucia pas des privilèges anciens dont prétendait se prévaloir la caste féodale. Il voulut que celle-ci se soumît à la loi qu'il avait élaborée, aux règlements qu'il avait rédigés d'une plume militaire et auxquels il entendait que chacun obéît, sans discussion ni murmure, ainsi que l'exige le Règlement sur le service intérieur.

Il entreprit d'instaurer le régime démocratique dans le Djebel et ce fut une erreur. C'était vouloir qu'en quelques mois le peuple druse progressât d'un siècle et plus. Les féodaux à qui il eut tort de ne point témoigner ces égards extérieurs auxquels l'Oriental est d'autant plus sensible qu'il est moins évolué, et qui se sentaient humiliés qu'on leur eût donné pour maître — pour maître si dur! — un officier subalterne, étaient prêts à participer aux entreprises des ennemis de la puissance mandataire.

Ceux-ci ne manquèrent point d'envoyer dans le Djebel des émissaires qui n'eurent pas grand'peine à décider ces mécontents à entrer en dissidence.

Il fallait une occasion. Elle se produisit. Carbillet avait droit à une permission. Il partit pour la France. Or le remplaça par le capitaine Renaud.

Le hasard qui donnait Renaud comme successeur intérimaire à Carbillet allait précipiter les événements. Il opérait un de ces rapprochements que nul auteur dramatique, nul romancier n'oserait se permettre tant il redouterait qu'on criât à l'invraisemblance.

Qui était donc ce Renaud ?

Un ancien officier du Maroc, naguère chargé d'instruire les affaires dont Carbillet avait été le héros. Carbillet n'avait pas de pire ennemi que l'homme qui allait occuper son poste.

Dès qu'il fut installé, Renaud prit le contre-pied de ce qu'avait fait Carbillet. Il détruisit ce qu'il put de son œuvre, inaugura une politique nouvelle, écouta avec complaisance ce qu'on vint lui raconter sur le maître si redouté lorsqu'il était présent et qu'on attaquait parce qu'il voguait vers la France. Peut-être même encouragea-t-il les féodaux à rédiger un cahier de revendications, d'accusations contre Carbillet et à l'aller présenter à Sarrail…

Les féodaux partirent pour Beyrouth.

Le rideau venait de se lever sur la tragédie.

Sarrail ne reçut point les délégués. Ce fut le prétexte que prirent nos ennemis pour déclencher leur attaque.

La Confidence de l'Émir

On m'avait dit :

— Il est un homme, en Syrie, qui pourrait, s'il le voulait, vous confier des choses bien intéressantes sur la révolte des Druses. C'est un Attrache, le propre cousin de Soltan, l'émir Saïd Fahrès-bey-el-Attrache. Ami de la France qu'il a toujours servie loyalement il a dû quitter Dibine, son village natal, au début de l'insurrection à laquelle il ne voulait point participer. Il vit, avec son fils, à Bosra-eski-Cham. Allez le voir.

«Homme sage et pondéré, il fut, de la part de Fayçal et de ses agents, l'objet de mille sollicitations qu'il repoussa, de mille tracasseries qu'il subit avec sérénité. Ni la prison, ni la spoliation de ses biens, ni les attentats dirigés contre lui n'eurent raison de sa fidélité à notre cause. Allez le voir.

« De Beyrouth à Bosra, en passant par Damas, vous ne mettrez guère que quatre ou cinq jours. »

L'évaluation était optimiste. J'ai dû consacrer une semaine à ce voyage. Qu'importe le temps, d'ailleurs, puisque me voici dans le Haouran, et si près de Soueïda-la-Noire que j'aperçois à l'œil nu ses jardins, ses maisons, sa citadelle.

L'Émir, prévenu de mon arrivée par le commandant militaire de Damas, a envoyé ses amis, les notables de Bosra, me chercher à la gare.

— Que le visiteur français soit le bienvenu autant qu'il a plu sur notre pays durant ces derniers jours !

C'est par ces paroles toutes bibliques qu'on me salue.

Je pense à la quantité d'eau tombée, depuis mon départ de Beyrouth, à l'immense lac boueux que j'ai dû traverser pour venir jusqu'ici. Et je me rends compte que le compliment n'est pas mince !

Montés sur de magnifiques chevaux aux harnachements brodés de laine, de soie, d'argent, d'or, ces hommes, dont la barbe et les longs cheveux flottant sur les épaules sont passés au henné, dont les mains paraissent gantées sous les tatouages, dont les paupières sont largement bleuies par le koheul et les joues rosies par le fard, se livrent en mon honneur à une ardente fantasia de l'autre côté de la voie.

Ils s'excitent en poussant de grands cris, puis reviennent au galop vers moi, qu'ils escortent au pas jusqu'à leur village situé à quelques centaines de mètres de la gare.

Comment dire la diversité et l'intensité des impressions ressenties durant cette marche ?

A chaque pas, je croise des hommes dont le visage est celui des Disciples et des Apôtres. Vingt fois je vois Jésus se dresser devant moi sous la coiffe bédouine, et vingt fois la Vierge, vêtue d'une longue robe de toile bleue, marchant à côté d'un petit âne chargé d'amphores.

Et puis, allant d'émotion en émotion, j'ai la surprise, en cheminant sous l'implacable pluie à travers les rues de cette pauvre ville, construite en lave noire, aux confins du désert, d'admirer des portiques pompeux, de fières colonnades aux chapiteaux corinthiens, un théâtre antique, des thermes, les ruines d'une mosquée édifiée par Omar et celle d'une église où Mahomet rencontra le moine chrétien Bahira qui l'initia à la vie mystique et fut, sinon l'auteur, du moins l'inspirateur du Coran.

Civilisation latine ! Christianisme ! Islam ! que de souvenirs !

Mais ce n'est pas de souvenirs, d'archéologie, d'histoire religieuse qu'il s'agit aujourd'hui, puisque c'est la guerre, puisque le canon tonne, puisque tout le long de la voie ferrée contournant le Djebel, j'ai pu voir nos soldats de France et d'Afrique, campés, prêts à l'action, sous le marabout, la guitoune, ou des abris construits, de leurs mains industrieuses, avec des pierres volcaniques ramassées dans la plaine et jointes, selon la mode du pays, avec de la terre gâchée…

Que suis-je venu chercher ici ? Une parcelle de vérité, s'il se peut, auprès d'un homme assez loyal pour que je lui accorde confiance, et dont on m'a affirmé qu'il est instruit des causes ayant amené ses frères à nous faire la guerre.

On me dit :

— L'Émir vous attend à la médafé[9].

[9] Maison commune.

J'arrive peu après devant une maison basse, construite en lave, à la porte de laquelle paraît un homme d'une cinquantaine d'années, aux fortes moustaches noires, portant sur sa robe la croix de la Légion d'honneur, et qu'accompagne un adolescent qui, à mon intention sans doute, s'est vêtu à l'Européenne : complet veston fantaisie, souliers vernis et mouchoir de soie !

Nous échangeons un salut avec l'Émir. Nos mains s'étreignent.

Il a un visage intelligent et réfléchi. Son regard est droit, son geste mesuré, son port digne.

Les cavaliers qui m'ont escorté sautent à terre. Nous pénétrons dans une grande et longue salle voûtée, sans fenêtre. Aussi, bien qu'il fasse grand jour au dehors, plusieurs lampes à pétrole sont-elles allumées.

Quel décor ! Imaginez une arcade de pierre noircie par les ans, murée au fond, qu'aucun meuble ne garnit et dont le sol est couvert de tapis.

Au centre, une fosse d'un mètre cube environ, pleine de braise en ignition et autour de quoi sont disposés des bouilloires de cuivre jaune, des mortiers de bois, des brûleurs, tous les ustensiles nécessaires à la préparation du café.

L'air glacé et la pluie m'ont transi. L'Émir me fait asseoir près du foyer, s'accroupit à mon côté, me sert le café de ses mains. Mes compagnons de tout à l'heure prennent place sur les matelas et les coussins disposés le long des parois de la salle. Bientôt, d'autres notables, vêtus de capes noires, blanches, rouannes, coiffés du voile maintenu sur la tête par le triple bourrelet, viennent les rejoindre. Ce sont les vieillards qui n'ont pu se rendre jusqu'à la gare. Tous ont de beaux visages de patriarches et leurs barbes sont d'argent comme celle de Booz. L'interprète me confie l'âge du doyen (quatre-vingt-huit ans) qui, arrivé si près du terme de sa vie, conserve encore la coquetterie de se faire les yeux !

Timidement, peureusement, des enfants que la présence d'un visiteur français intrigue fort pénètrent un à un dans la médafé. Ils sont bientôt plus de cinquante qui vont s'accroupir sur les tapis entre les pieds des hommes.

C'est une assistance bien nombreuse à mon gré. Encore que je ne regrette pas le spectacle qui m'est offert, j'aurais préféré voir l'Émir seul à seul.

Mais quoi ! C'est pour m'honorer qu'on a convoqué semblable assemblée. Me conformer aux traditions de mes hôtes est vraiment le moins que je puisse faire.

Je sais que maints discours vont être prononcés, que chacun des assistants va prendre la parole, me dire ce qu'il pense des événements actuels et de leur origine. C'est l'Orient ! Je suis prêt. Les harangues commencent.

Bien entendu, je reçois d'ardentes déclarations d'amour à l'adresse de ma patrie, et j'apprends que tous ces hommes faits, tous ces vieillards, tous ces enfants aussi attendent l'entrée de nos colonnes dans le Djebel. Ils l'attendent « comme la terre sèche attend l'eau du ciel ».

Que retenir de cette étrange confession collective ? Rien ou presque. Il n'en est pas de même de celle que l'Émir, m'accueillant dans sa maison, me fit le soir.

— On a dit, on a écrit que le capitaine Carbillet est cause de la révolte. C'est une légende. Cet officier qui, étant homme, ne manque certainement pas de défauts, a beaucoup fait pour mon pays qu'il aimait. Je le considère comme un excellent administrateur et comme le bienfaiteur du Djebel.

J'ai demandé :

— Comment expliquez-vous les plaintes formulées contre l'ancien gouverneur par les chefs druses, et singulièrement par les membres de votre famille ?

— Mes pairs reprochaient à Carbillet, dont l'administration était démocratique, d'avoir diminué leur influence personnelle et fait régner l'égalité dans la région.

« Tant qu'il fut à son poste, ils se courbèrent sous sa loi — peut-être un peu rude, à dire vrai. Mais, dès qu'il fut en permission, ils profitèrent de cette circonstance pour porter contre lui des accusations dont la plupart sont calomnieuses. C'est pour moi un devoir de le déclarer hautement à la Presse française, le jour que, pour la première fois de ma vie, je me trouve en sa présence.

L'Émir médita un assez long temps et poursuivit :

— Oui ! Les dissidents ont pris prétexte de l'administration de Carbillet et du fait que le général Sarrail refusa de les recevoir pour entrer en lutte contre la puissance mandataire. Mais ils y étaient décidés depuis longtemps.

« Deux mois avant la rébellion de Soltan, je fus avisé, par mes informateurs de Transjordanie, qu'un mouvement général contre la France était préparé sur la totalité des territoires commis à sa tutelle.

« J'en avertis immédiatement les autorités militaires de Damas. Elles ne tinrent aucun compte de ma communication[10].

[10] Comment ne pas s'étonner que nos services de renseignements n'aient pas fait état de l'information que leur donnait l'Émir Fahrès-bey-el-Attrache ? Et comment ne pas signaler que ce n'est pas la seule faute grave qu'on leur puisse reprocher ?

Le 10 décembre 1924, c'est-à-dire plus d'un an avant l'arrivée de Sarrail, ne recevaient-ils pas d'un de leurs agents, familier de Mustapha-el-Khalil, chef de bandes transjordaniennes, une confidence dont on trouve la trace dans leurs archives, mais que, sans doute, ils jugèrent négligeable puisque jamais ils ne la communiquèrent au commandement.

« J'avais assisté, déclara cet agent, à toutes les réunions qui se tinrent chez Mustapha en juin et juillet. Il avait à sa disposition plusieurs bandes dont une sous ses ordres directs.

« Le rôle de ces bandes était de jeter le trouble en Syrie. Il fut décidé que, dès leur entrée en action, les Druses se soulèveraient. Mustapha attaqua les Français vers Deraa. Il fit plusieurs opérations entre le 1er et le 10 août, puis attendit les renforts druses qu'on lui avait promis et que Soltan Attrache devait commander. Ils ne vinrent pas.

« Tout ce mouvement était organisé par Riza Pacha Rikabi. »

Qui est Riza Pacha Rikabi ?

Un ancien ministre de Fayçal actuellement premier ministre d'Abdhalah, roi de Transjordanie. Ennemi acharné de la France, en constantes relations avec le Comité syro-palestinien du Caire, disposant d'armes et de capitaux importants, on le trouve mêlé à tous les mouvements dirigés contre nous par les Arabes fanatiques de Damas et les Druses.

« Or, mon renseignement était sérieux, puisque, en octobre, à quelques jours d'intervalle, les événements du Djebel se produisaient ; puisque, à Hama, ville distante de Soueïda d'environ 500 kilomètres, et administrée par un officier d'élite, le commandant Coustillières, contre qui nul ne formula jamais de critiques, les musulmans fanatiques se soulevaient ; puisque, enfin, les bandes pillardes pénétraient dans Damas.

« Que l'on ne parle pas de coïncidences. Ces trois incendies n'éclatèrent pas spontanément.

« Des Damascènes, des Transjordaniens, des Syriens d'Égypte, encouragés, dans la sourde lutte qu'ils soutiennent contre votre pays, par les agents de la grande puissance étrangère que vous savez, les ont allumés. »

La Révolte druse

Sarrail a refusé de recevoir les délégués druses. Et même, il a fait arrêter plusieurs d'entre eux pour les envoyer en résidence forcée à Palmyre[11].

[11] Qui étaient ces délégués que, reprenant un passage d'une lettre de l'Émir Fouad Arslann, l'*Écho de Paris* présentait en ces termes à ses lecteurs : « Ils étaient quarante chefs et des plus grands, sauf le Sultan Pacha-el-Attrache qui n'accompagnait pas la délégation… *Ce sont les amis de la France* qui représentent l'élite de leur pays. »

Voici : sur ces quarante délégués qui, d'ailleurs, n'étaient que de trente et un, six seulement appartenaient au Conseil Représentatif. Aucun des quatre chefs religieux ne les accompagnait. On remarquait dans leurs rangs deux des assassins d'un lieutenant français attiré en 1922 dans un guet-apens et massacré, en même temps que deux sous-officiers, par Soltan-el-Attrache et ses hommes, trois francophobes notoires mis en résidence forcée par les précédents Hauts-Commissaires, deux représentants du peuple non réélus aux élections prescrites par Weygand, un voleur et trois fonctionnaires ou officiers révoqués.

Peut-être admettra-t-on que Sarrail avait quelque raison de ne témoigner qu'une estime assez limitée à « ces hommes d'élite, à ces véritables amis de la France » et de donner l'ordre d'en arrêter quelques-uns pour les envoyer en résidence forcée à Palmyre, lorsqu'il lui fut rendu compte que ces messieurs commençaient à s'agiter.

S'il est regrettable que, pour faire procéder à cette opération, il ait cru devoir recourir à une feinte assez inélégante, c'est montrer beaucoup de naïveté que d'avancer, ainsi que l'écrit M. de Kérilis : « Ce guet-apens est sans précédent dans notre histoire coloniale et même dans notre histoire. »

Rassemblons, je vous prie, quelques-uns de nos souvenirs de guerre sur les Théâtres Extérieurs et n'insistons pas.

Soltan-el-Attrache, qui s'est bien gardé de venir à Beyrouth, car il accorde tous ses soins à préparer l'insurrection, entre en action avec ses bandes. La garnison française de Soueïda est assiégée dans la citadelle. Déprimés, malades, décimés par le feu de l'ennemi, nos soldats ne sont ravitaillés que par avions.

Il faut aller les délivrer.

Sarrail charge de cette mission le général Michaud.

Celui-ci va écrire, dans les annales de nos expéditions lointaines, une page aussi sombre que celle qui perpétue le souvenir du désastre de Lang-Son.

Officiers dont j'ai lu les rapports, les lettres, écouté les récits. Soldats qui exhalez votre colère, votre dégoût, votre honte par de si violentes, de si pathétiques imprécations lorsque vous évoquez vos camarades mutilés, saignés comme bêtes de boucherie, arrosés de pétrole et brûlés vifs par le Druse, parce que le chef sous les ordres de qui l'on vous avait placés ignorait son métier, vous ne comprendriez point qu'après vous avoir posé tant de questions, vous avoir écoutés avec tant d'émotion, pris tant de notes sous vos yeux, j'aie tu ce que j'appris de vous.

Et quoi qu'il m'en coûte, car, en dépit de certaines réserves, j'ai de l'admiration pour le soldat, que, trois années durant, je vis, en Macédoine, faire face à des difficultés sans nombre et les surmonter toutes, je suis bien forcé d'écrire que, en définitive, la responsabilité du désastre de Soueïda incombe à Sarrail.

Qui a chargé le général Michaud d'aller délivrer ceux des nôtres demeurés captifs et harcelés par l'ennemi dans la vieille citadelle de Soueïda ?

Sarrail ! Or, il ne devait pas ignorer que son subordonné était incapable de remplir cette mission et, pour parler tout à fait net, que rien, dans sa carrière, si heureuse, si rapide, ne l'avait préparé à se voir confier tel commandement, conférer tel honneur.

Sarrail connaît Michaud. Il sait qui est Michaud. Il sait qu'en 1915, quand lui, Sarrail, partit pour la Macédoine, où il allait succéder au vieux père Bailloud, il emmenait avec lui, parmi d'autres officiers, certain petit chef de bataillon de chasseurs à pied qu'il aimait entre tous pour sa grande insignifiance, son manque de caractère et dont, par la suite, il fit successivement un lieutenant-colonel, un colonel, un général, un chef d'état-major, un chef d'état-major général des armées alliées en Orient.

Magnifique avancement ! Magnifique surtout si l'on considère que celui qui en bénéficia ne quitta pas une seule fois son bureau, toujours si méticuleusement tenu en ordre, de Salonique.

Sarrail sait — et il n'est pas le seul ! — que Michaud possède tout juste les qualités qu'on est en droit de réclamer d'un officier d'administration à quatre galons, qu'il est particulièrement idoine à manier gomme, grattoir et sandaraque et, comme pas un, à mouler la bâtarde.

Oui, Michaud est apte à tout cela et même à corriger les fautes d'orthographe d'un rapport de gendarme, mais pas à faire la guerre !

— Pardon ! dira-t-on. Quand Sarrail fut relevé de son commandement en Orient, Michaud, se rendant compte qu'il n'avait plus ni grades ni décorations à récolter à Salonique, se fit rapatrier. On lui confia alors une division sur le front de France. Et il ne la conduisit pas si mal !

Certes, mais il s'agissait d'une division encadrée, placée en sous-verge, et dont le chef n'avait strictement qu'à exécuter les ordres qu'on lui donnait.

D'ailleurs, en France, Michaud avait conservé ses habitudes bureaucratiques, ses petites manies d'Orient. S'il ne portait point de manches de lustrine, il ne manquait jamais, quand il arrivait au travail, de placer avec beaucoup de soin, sur son képi, une housse pare-poussière et il continuait à user de deux plumes : une dont il se servait pour rédiger et l'autre, sensiblement plus grosse, qu'il utilisait pour calligraphier sa signature.

Ah ! Michaud, Michaud, quel guerrier vous faites, et comme Sarrail fut mal inspiré le jour que, voulant vous donner l'occasion d'un nouvel avancement, il vous permit (vous alliez exercer pour la première fois votre métier de chef) de vous élancer sur la route de Soueïda, où vous deviez tout perdre, tout, fors la vie…

Quelle responsabilité votre bienfaiteur obstiné assuma, ce jour-là, devant le pays !

Une responsabilité égale à celle du gouvernement qui fit de Sarrail un Haut-Commissaire en Syrie.

J'entends encore le chant de triomphe lancé alors par tout le chœur des partisans.

On avait réparé une grande injustice ! On avait donné au général républicain la compensation que, par d'éclatants services, il méritait. Le Régime s'était réhabilité !

Les hommes qui connaissaient Sarrail autrement que pour l'avoir entendu en réunions publiques étaient sûrs qu'il allait à un échec. Dans ce nouveau poste, comme dans tous ceux qu'il avait occupés, il « aurait des histoires ». Sa présence en Syrie serait l'occasion de tels incidents qu'il faudrait le rappeler. Cette aventure, dans laquelle des amis inconsidérés le lançaient, serait sa dernière aventure. Elle marquerait tristement la fin d'une carrière cahotée, riche de pages magnifiquement éclairées, obscurcie de quelques ombres, mais, somme toute, glorieuse !

Que n'a-t-on laissé Sarrail jouir en paix d'un repos bien gagné ? Que n'a-t-on maintenu Weygand en place ?

Certes, la révolte des Druses eût éclaté. Certes, un détachement des nôtres eût été vraisemblablement investi dans la citadelle de Soueïda. Mais ce n'est point Michaud qu'on eût envoyé pour le délivrer !

La Formation de la colonne Michaud

Pourquoi faut-il qu'arrivé au terme de mon enquête sur les causes qui amenèrent les douloureux évènements du mois d'août 1925 et sur ces événements eux-mêmes, il me faille conclure par un réquisitoire ?

Pourquoi faut-il qu'après avoir étudié tant de pièces officielles, lu tant de rapports et de lettres émanant d'officiers ayant fait partie de la colonne envoyée pour délivrer Soueïda je sois forcé d'écrire : le général Michaud a été inférieur à sa tâche. Il n'a pas su monter l'opération dont il était chargé. A aucun moment il n'a commandé sa colonne. C'est lui qui, par son insuffisance, son ignorance des conditions dans lesquelles doit se comporter un groupe mobile, est responsable du désordre qui régna parmi ses troupes et de leur défaite.

Au moment où celle-ci se dessina, il n'eut aucune des qualités : stoïcisme, calme, générosité qu'on peut attendre d'un chef malheureux. Et quand il eut échappé au désastre où tant de ses officiers, tant de ses hommes avaient péri, il ne songea qu'à faire porter à autrui la responsabilité de son échec.

— On m'avait donné un bâton pourri, aurait-il dit en parlant de la troupe placée sous ses ordres.

A-t-il vraiment prononcé ces mots ? Je l'ignore. Ce que je sais, c'est qu'il s'est plaint avec amertume de ce que les moyens mis à sa disposition aient été insuffisants pour lui permettre de remplir sa mission.

Pourquoi l'a-t-il acceptée ?

Est-ce pour obéir à son chef et ceci, en dépit de ce principe militaire intangible, principe reconnu par Napoléon lui-même, que nul n'est tenu d'entreprendre une action s'il juge ne point disposer des moyens nécessaires pour la mener à bien ?

N'est-ce pas, au contraire, pour trouver une étoile sur la route de Soueïda, comme on le dit ouvertement dans toute l'armée du Levant, où l'on parle de la nervosité qu'il laissait paraître depuis qu'il avait entrevu l'éventualité d'un nouvel avancement ?

Au surplus, c'est le général Michaud lui-même qui forma sa colonne. Tout ce qu'on put prélever sans danger sur la totalité des forces françaises en Syrie lui fut confié.

Savez-vous, par exemple, ce qui restait d'artillerie en dehors de la zone des opérations ? On peut l'écrire aujourd'hui sans inconvénient : une batterie de 65 à Deir-ez-Zor, face au désert, et une demi-batterie de 75 à Alep !

Le général Michaud voulut de l'artillerie lourde ? On improvisa pour lui une batterie de 105. Un officier d'état-major lui ayant demandé à quoi il envisageait de l'employer, il répondit :

— A pilonner, Monsieur !

A pilonner quoi ? L'ennemi ne dispose point d'artillerie. Ses organisations défensives sont inexistantes. Il abandonne avant le combat la plupart de ses villages et ceux-ci, faits de blocs de pierres, de dalles basaltiques, sont pratiquement indestructibles, l'expérience l'a démontré.

A la rigueur, on pouvait utiliser la portée du 105 pour l'interdiction des points d'eau. Or c'est le seul emploi qui n'en a pas été fait !

Donc, le général Michaud disposait de tout ce qu'il avait été possible de lui donner.

— Mais, dira-t-on peut-être, en reprenant les accusations portées contre Sarrail, qui, « pour faire sa cour au Gouvernement », aurait renvoyé volontairement des unités en France, à qui la faute si l'armée du Levant était si pauvre ?

Qu'il me suffise, pour répondre à l'objection de citer la note de service du ministère de la Guerre (N° 9625/1, 20 septembre 1924) prescrivant de ramener l'effectif de l'armée du Levant à un chiffre voisin de 20.000 hommes. L'aménagement des effectifs résultant de ces prescriptions devait être et fut réalisée à la date du 25 décembre 1924.

En résumé, les réductions prévues étaient effectuées au départ de Weygand. Mais en juin 1925, *sur la demande du ministère*, Sarrail envoyait au

Maroc un bataillon de tirailleurs qui fut remplacé par un bataillon de chasseurs-mitrailleurs non instruits (bataillon Aujac)[12].

[12] C'est à cette unité de laquelle, encore qu'il l'ait nié par la suite, il connaissait la faiblesse, que le général Michaud confia la garde de son convoi, c'est-à-dire de la partie centrale, de la partie vitale, essentielle de la colonne, celle autour de laquelle tous les éléments composant celle-ci devaient se grouper.

Ayant obtenu tout le monde, tout le matériel qu'il voulait et même cette artillerie lourde qui ne devait lui servir de rien, le général Michaud enrichit sa colonne de nombreux impedimenta : caisses d'archives, de comptabilité, machines à écrire, etc. Dix-huit mulets transportaient les bagages du Q. G. !

Mais jamais Michaud n'inspecta ses troupes.

La première fois qu'il prit contact avec elles, ce fut à Ezraa, le 1er août, à la veille de l'action.

Il arrivait de Damas en avion.

Il réunit les officiers qui allaient combattre et les passa en revue. Deux d'entre eux ne portaient pas d'éperons. Il leur en fit l'observation avec aigreur et donna, pour le lendemain, l'ordre du départ.

Certains éléments venaient de rester deux jours sans pain et sans vin. De même, les Malgaches n'avaient pas touché de riz.

Le Désastre de Soueïda

Le général Michaud a donné l'ordre du départ. Le plus grand désordre règne. Tout le monde commande. Personne ne sait le rôle qu'il doit jouer.

Le général Michaud a donné l'ordre du départ, Mais il n'a oublié qu'une chose : faire avertir le commandant Aujac, chargé du convoi — du cœur même de la colonne.

Je lis dans une lettre poignante d'un rescapé :

« A l'heure où les premiers éléments s'ébranlaient, le bataillon Aujac n'était pas informé de ce que le jour J (premier jour de l'opération) était fixé. Les officiers étaient en pyjama. »

Il est bon de noter que le mot « convoi », le seul qui, plus tard, sera employé sur le terrain par tout le monde (général compris) ne figure même pas dans l'ordre d'opérations.

Dans ce document, il est fait seulement mention (ordre J, plus I, première partie, § XI) de la « réserve » dont le mouvement est réglé comme celui d'une unité de manœuvre et avec laquelle doit progresser le poste de commandement, ce qui, d'ailleurs, ne se produisit point puisque, jamais, le général Michaud ne marcha avec cette « réserve » et que, nouveau Soubise, il la perdit !

Si le commandant au groupe d'artillerie est un peu mieux renseigné que son camarade, il a été averti si tard qu'il n'a pas eu le temps matériel de faire préparer son convoi de munitions !

Le général Michaud a donné l'ordre du départ !

Dans le plan qu'il a conçu, tout est prévu comme s'il était question d'une opération genre prise de Douaumont, à exécuter sur le front français, contre un ennemi fixe, par une unité encadrée. Or, il s'agit de la manœuvre d'un groupe mobile, manœuvre classique, pratiquée depuis Bugeaud sur tous les territoires d'opérations extérieures !

Qu'importe ! L'ordre de mouvement contient cette indication évidemment précieuse :

« Se reporter aux articles de X à Y du règlement de manœuvre 2e partie et à l'exercice sur la carte de Montdidier. »

Vous marquez quelque surprise à voir mentionner le nom de Montdidier à l'occasion d'une opération dans le Djebel, contre les Druses ? Apprenez donc que, pendant tout l'hiver 1924-1925, les officiers de l'armée du Levant, appelés à combattre dans le désert et dans la montagne, durent, par l'ordre du général Michaud, se livrer au Kriegesspiel sur la carte de la Somme !

La colonne avance.

Au nord de la route, de nombreuses crêtes offrent à l'ennemi des abris efficaces situés à 1.500 mètres, à 1.000 mètres même de l'axe de marche. Aucune mesure de sécurité n'est prévue de ce côté où, pourtant, l'aviation signale des rassemblements et d'où partira, plus tard, l'attaque contre le convoi.

Un officier d'état-major signale cette lacune au général.

— Les autos-mitrailleuses se chargeront de ça, dit-il.

Et comme il est pressé, il accélère le mouvement.

Enfin, l'on arrive à la première étape : Bos-el-Hariri. Le général Michaud se sépare de ses troupes, de son état-major. Il laisse tout son monde au bivouac. Il monte en avion. Il va coucher à Ezraa.

C'est là que se trouve la base. La confusion règne dans l'organisation du ravitaillement. Le commandant de cette unité, qui ne figure même pas parmi les destinataires des ordres d'opérations, ne sait ce qu'il doit faire.

Le général Michaud, que, à ce moment, on peut comparer au grand Condé, dort.

Le lendemain, lorsque le jour paraît, les troupes voudraient bien recevoir des instructions. Les officiers tentent vainement de découvrir le commandant de la colonne. Or, vous le savez, il n'est pas avec son état-major, et, bien entendu, celui-ci ne peut se substituer au chef absent.

Où est-il, le chef que chacun réclame ?

Un peu partout. Sauf à sa place. On l'aperçoit, vers 8 heures, perdant vingt minutes à chercher lui-même des attelages pour six arabas qui en sont privées. Vers midi, sur un autre point de la route, il fait arrêter son auto pour ramasser une caisse d'obus.

En réalité, la colonne n'est pas commandée.

Elle s'ébranle. Le convoi ne démarre pas. On y envoie des agents de liaison pour lui ordonner de suivre. Mais on ne s'assure pas que l'ordre est exécuté. Et l'on commet cette faute impardonnable de poursuivre la marche en avant. Le soir, vers 17 heures, les éléments avancés arrivent en vue de Soueïda dont on voit la citadelle se profiler au loin sur le ciel. Et l'on se félicite du succès tactique remporté. La manœuvre élaborée sur la carte de Montdidier a pleinement réussi !

Oui, mais, à 18 heures, un officier d'état-major survient. Il rend compte de l'attaque du convoi !

— La situation est tragique, dit-il.

Le général dépêche le colonel Raynal à l'arrière pour y recueillir des renseignements, Puis il tente d'y aller lui-même. Tous deux reviennent, peu après, atterrés.

On dresse le bivouac dans une sorte de cuvette dont on ne prend même pas la peine de faire occuper les crêtes. L'issue vers Soueïda, c'est-à-dire vers l'objectif à atteindre, c'est-à-dire vers l'ennemi, n'est pas gardée.

« C'est miracle, écrit l'officier rescapé dont j'ai cité la lettre que, cette nuit-là, toute la colonne n'ait pas été massacrée au bivouac. »

Vers minuit, le général Michaud décide d'accorder aux troupes une journée de repos, le lendemain. Puis il décide de laisser une garnison à Mezraa et de marcher sur Soueïda. Puis il décide de continuer avec tout son monde sur Soueïda. Mais, vers cinq heures, il se ravise, tient un conseil de guerre avec ses officiers et décide qu'on retournera sur Ezraa.

Un ordre est rédigé dans ce sens (on oublie d'y mentionner l'artillerie) puis on rapporte cet ordre pour le remplacer par un autre qui ne comporte d'ailleurs aucune prescription de détail.

Des coups de feu éclatent. Un grand nombre d'hommes et d'animaux sont blessés.

Il eût fallu, à ce moment, monter une manœuvre et assurer le débouché du défilé dans lequel on allait engager la colonne. On chercherait en vain, dans l'ordre ci-dessus mentionné, et qui figure dans le journal de marche, la moindre idée de manœuvre.

Une fois encore, la colonne s'ébranle dans le plus grand désordre. La route est vite emboutillée. La fusillade de l'ennemi arrête nos éléments de flanc-garde qui refluent en désordre sur la route ainsi que les Syriens et les Malgaches du convoi. C'est la panique.

Je cite toujours la lettre de l'officier rescapé :

« Conducteurs du convoi et de l'artillerie coupent les sangles et les traits pour enfourcher les mulets, s'enfuir. Les Druses tirent sans relâche. Ils montent sur les autos, les incendient, mutilent et achèvent les blessés. Le commandant Soudois, le capitaine Faur, les lieutenants Pelloux, Pegulu, Bestagne, Tchervre, et beaucoup d'autres sont tués. »

Où est le général Michaud ?

Dans une auto-mitrailleuse qui le ramène à Ezraa sain et sauf.

Et sans doute parfaitement calme, puisque, quelques jours plus tard, il prend le soin de dresser de sa main, qu'il a belle, l'état de ce que, personnellement, il a perdu dans la bagarre et que, dans ce document, il n'omet de faire figurer ni un paquet de bougies, ni une douzaine de boîtes d'allumettes, ni, pour cent francs, une cantine que, dit-on, il a fait confectionner quelque temps auparavant, à titre gratuit, par un des services de l'armée.

Dommages de guerre !

Décidément, le général Michaud excelle à dresser le compte des siens[13].

[13] On peut même le considérer comme un professionnel de ces travaux d'écriture.

Sarrail a eu entre les mains les documents dont je me suis servi pour écrire ce qui précède. Il n'ignore rien des circonstances dans lesquelles se produisit le désastre du 3 août. Pourtant il s'irrite et tonne lorsqu'on ose, en sa présence, juger avec sévérité le vaincu de Soueïda. Il le couvre !

Il se solidarise avec Michaud.

Précisément parce qu'on ne l'assume pas volontiers dans le militaire, où la tradition exige que, par ricochet, toute faute tactique, stratégique, administrative, retombe sur la tête du dernier muletier, cette attitude force le respect.

Mais — Sarrail le sait-il ? — ce n'est pas ainsi que les soldats et les officiers de son ancienne armée espéraient le voir agir.

Conscients d'avoir été menés au combat par un chef dont le moins qu'on en puisse dire, c'est qu'il fut insuffisant, ils estimaient que ce chef devait être déféré au Conseil de guerre et que si, par esprit de solidarité, ses pairs l'acquittaient, sa mise d'office à la retraite s'imposait.

Ainsi eût-il enfin été placé dans l'heureuse impuissance de nuire.

Ils attendaient que Sarrail prît l'initiative de demander lui-même des sanctions contre son subordonné.

Je ne saurais dire quelle fut leur douleur lorsqu'ils apprirent que Sarrail entendait couvrir Michaud, ni quelle fut leur indignation quand la nouvelle leur parvint que Michaud venait de recevoir un commandement.

— Le Patron n'a pas fait son devoir envers l'armée du Levant, m'ont dit maints officiers qui servirent sous lui à Verdun, en Albanie, en Macédoine, en Syrie.

*
* *

Et maintenant, il me reste à poser quelques questions :

Est-il vrai que le général Michaud excipe du fait que, par une omission du troisième bureau de l'état-major de Beyrouth, la transmission manuscrite du rapport Aujac n'a pas été enregistrée, pour prétendre que cette pièce ne lui est jamais parvenue ?

Est-il vrai qu'étant donné l'importance du document et l'urgence qu'il y avait à ce qu'il parvînt au commandant de colonne, un officier d'état-major[14], partant pour Damas, se le vit confier avec mission de le remettre aux mains du général ?

[14] Capitaine Georges Picot.

Cette mission fut-elle remplie ?

Si non, pourquoi ?

Y eut-il volonté, accident ou oubli ?

Est-il vrai que le général Michaud affirme n'avoir appris qu'après coup, c'est-à-dire sur le terrain, l'insuffisance combative des troupes constituant le bataillon Aujac ?

Est-il vrai qu'à Damas, dans la soirée du 29 juillet, au cours d'une réunion des officiers supérieurs et des chefs de service, le commandant Aujac répéta verbalement les termes de son rapport et qu'alors le général Michaud prononça ces mots : « Ne vous faites nul souci, votre unité n'aura pas à intervenir » ?

— Est-il vrai ?…

Mais à quoi bon allonger ce questionnaire ?

Concluons par cette phrase qui est sur les lèvres de tous les officiers et soldats du Levant dont les camarades sont tombés sur la route de Soueïda :

« Une enquête sur le rôle du général Michaud s'impose, c'est seulement lorsqu'elle sera ordonnée que nous retrouverons notre tranquillité d'esprit. »

Mais cette enquête devra être confiée à une Commission composée de civils, et ayant pleins pouvoirs pour se faire ouvrir les dossiers, tous les dossiers, procéder à tous les interrogatoires[15].

[15] L'enquête réclamée, avec tant de naïveté par l'armée du Levant, ne fut pas ordonnée. Le général Michaud, on l'a vu, reçut un nouvel avancement !

Intermezzo
Monsieur Robert
Directeur des Maisons militaires

Vente, gresle, gelle, j'ay mon pain cuit !

FRANÇOIS VILLON

Hôtel de Derâa !...

S'il fallait qu'un jour je revienne vous voir, mes amis du bled, vous dont jamais je n'oublierai l'accueil, faites quelque chose pour moi.

Ne me laissez pas aller dormir à l'hôtel de Derâa.

Permettez que je partage la tente de « Monsieur Tiraillou ». Ou donnez-moi une couverture de troupe. J'irai m'étendre sur le ciment de la salle d'attente de la gare, parmi les Bédouins et Bédouines. Mes frères du désert sont sales, magnifiquement loqueteux, et toute la vermine connue les habite, je le sais.

Mais tout vaut mieux, oui, tout, que cette chambre gluante, empuantie, où j'ai passé la nuit, que ce lit sur lequel on ne me retirera pas de l'idée, qu'une heure avant mon arrivée, se liquéfiait un cadavre qu'on a enlevé et jeté à la voirie pour me donner sa place.

La nuit est encore close lorsque je quitte ce dépôt mortuaire. Il pleut. Il pleut comme il pleuvait hier, comme il pleuvra demain et tous les jours qui suivront. Je patauge dans un lac de boue glacée.

Dans le noir, une lueur soudaine d'incendie ou de volcan. Un bruit grondant. Des halètements. Le volcan lançant des fumées rousses, soufrées, verdegrisées se met en marche. Il vient sur moi : je me trouve sur la voie ferrée où manœuvre la locomotive du train qui doit m'emporter vers Bosra.

Des quinquets s'allument.

Le quai se peuple d'ombres mouvantes. Je distingue des visages basanés aux rudes moustaches, des fronts barrés par la triple couronne de poil de chameau, de fins mentons tatoués, de beaux yeux d'émail. Bédouins et Bédouines ont quitté la salle d'attente qui leur servit de dortoir. Ils traînent leurs paquets sur le quai, s'accroupissent avec leur marmaille dans la boue, sous l'inexorable pluie. Les mères étouffent, dans les plis de leurs robes, les cris de tout petits qui pleurent.

Le train se range le long du quai. On a accroché un wagon plat sur quoi s'empilent des sacs à terre. C'est le poste roulant pour la section d'infanterie de protection.

Les Bédouins se lèvent. Hommes, femmes, enfants, ballots s'entassent dans les compartiments.

Des bandes cuivrées et vert d'eau paraissent à l'horizon. Le jour va poindre sur le bled fangeux semé de pierres volcaniques.

Un cri, très long, lancé d'une voix de tête. Puis une mélopée désespérée qui semble ne devoir jamais finir. Ces accents me sont familiers. Que de fois, au petit matin, en Anatolie, en Égypte, en Macédoine, ils ont frappé mon oreille ! Mais toujours ils suscitent en moi la même émotion. Je lève les yeux. Dans l'aube incertaine, je cherche le minaret d'où tombe ce pathétique appel à la prière. A peine si son sommet, en forme de chapeau d'Annamite, dépasse le toit de la gare. Humble minaret de bois d'une misérable mosquée de village !

Penché sur la rampe, le muezzin continue de s'égosiller : « Allahou akbar... »

— Il en a de la santé, le frère, de gueuler comme ça sous une flotte pareille !

« Mouhammedour-rasoûlou-llâh... »

— Tu me la copieras !

Des rires : les hommes de la section de protection essaient d'oublier le froid cruel, la pluie, l'exil, les camarades morts, de ne pas penser aux colonnes prochaines dont ils feront partie.

— C'est vous qui en avez une santé de pouvoir rigoler, clame une voix impérieuse et terrible. Moi j'en ai marre !... J'étais le 3 août sur la route de Soueïda avec Michaud !... J'ai vu égorger et brûler les copains !... Depuis, je ne veux plus rien savoir... On ne m'aura plus !...

Ces accents aussi me sont familiers ! Accents du soldat exilé que le cafard tourmente !

Lancé à toute volée, un fusil tombe sur le quai. C'est celui de l'homme qui a été sur la route de Soueïda, avec le général Michaud et qui, depuis ce jour, n'a plus envie de rire...

Un de ses camarades saute du train, ramasse l'arme, enjambe à nouveau les sacs à terre. J'entends des objurgations :

— Tout le monde a le cafard. C'est pas une raison pour jouer à l'andouille… Tais-toi !… Tais-toi !… Veux-tu la fermer !…

Le muezzin continue d'appeler les fidèles à la prière du matin. Au ciel, les bandes alternées rouges et vertes sont plus longues, plus larges, plus brillantes. Au delà de la voie, sur le bled où règne maintenant une demi-clarté sale, où les flaques d'eau sont de cuivre recuit et de malachite, passent quatre chameaux attachés en file et conduits par un âne minuscule. Un enfant monte le bourriquot. Un homme est accroupi sur le col du premier chameau.

— Jolie carte postale !

C'est prononcé derrière moi sur le mode cordial, avec l'accent des gens de notre Midi. Je me retourne. Un quidam me salue. Il est vêtu d'un pardessus gris chiné à taille. Son col mou et sa cravate sont très fatigués.

Visiblement, le rasoir n'a point passé, de plusieurs jours, sur ses lèvres et ses joues. L'œil est petit, la paupière lourde, le regard vif. A Derâa, que peut faire ce civil français ?

Je croyais être le seul qui se fût aventuré dans ce bled, depuis une semaine à peine que la ligne Damas-Bosraa-eski-Cham est reconstruite.

Illusion ! Illusion perdue !

L'homme est de belle prestance. Entendez qu'il a le physique du cambusier, de l'hôtelier du vieux Toulon ou de l'accessoiriste-régisseur parlant au public d'une tournée de septième ordre.

— Jolie carte postale, répète-t-il. Il n'y a pas à dire, c'est bien couleur locale !

Et décidément très cordial :

— Vous allez sans doute à Bosraa ?

Je suis peu « liant ». Ni sur les paquebots, ni dans les trains, ni sur le quai des gares, ni dans les hôtels, je n'aime échanger ma carte avec un inconnu. Et puis — dois-je le dire ? — je fuis le Français exporté. Trop souvent il s'est montré à moi en de telles postures que, vraiment, il ne me plaît point d'être vu en sa compagnie — même par des Bédouins.

— Vous allez sans doute à Bosraa, répète l'homme. Moi aussi. Nous voyagerons donc ensemble. Car, comme de juste, je prends des premières.

Si je ne recherche point, si j'évite d'entrer en relations avec mes semblables rencontrés au loin, je n'ai jamais su, je ne saurais jamais tourner le dos à un importun, refuser la place qu'il m'offre à côté de lui, empêcher qu'il ne s'asseye auprès de moi. Que de fois, malgré mes principes, ma volonté, me suis-je laissé capter, annexer par des êtres ridicules ou odieux ! Et que de peine j'ai eue à me libérer d'eux !

Je sens que, ce matin encore, si les circonstances voulaient que je voyage seul je n'échapperais pas à mon destin. Mais je suis protégé contre les fâcheux et contre ma faiblesse. Je suis en tutelle. Deux officiers et leurs jeunes femmes doivent m'accompagner. Au moment que je cherche une formule pour gagner le large, ils paraissent. Je les rejoins, nous prenons place dans le train.

Mes compagnons sourient. Ils échangent des regards amusés. L'homme au pardessus gris chiné, suit le couloir devant notre compartiment. Il salue. Il est suivi de deux femmes : une musulmane dont le voile est relevé et une chrétienne.

Toutes deux ont les cheveux passés au henné roux, les paupières bleues, les joues enflammées par le fard. Elles fument. Derrière elles, un vieil homme coiffé d'un tarbouche porte une scie à bois et deux lourds filets de provisions.

— Vous connaissez ? me demande un des officiers.

— Non.

A son sourire, à l'expression de son regard, je sens qu'il est incrédule.

— Vous ne connaissez pas M. Robert, directeur des dix-huit maisons militaires[16] de l'Armée du Levant ? Vous savez que c'est un personnage considérable.

[16] Dans le civil nous disons « maison ».

— Je n'en doute point !… Et je constate qu'une fois encore j'ai laissé passer l'occasion de me créer une belle relation.

Le train s'ébranle. Il couvre trois kilomètres, s'arrête deux heures, repart, fait une nouvelle station plus longue que la première. Tout espoir d'arriver à Bosraa-eski-Cham pour le déjeuner est perdu. Et même, il n'est que Dieu pour savoir si nous passerons ou non la nuit dans ce wagon.

C'est le voyage ! Le voyage dans un pays en guerre, sur une voie que chaque jour l'Arabe et le Druse coupent et qu'il faut réparer.

Nous sommes patients, résignés plutôt. Nous avons perdu toute notion du temps. Nous regardons à travers les glaces ruisselantes le cloaque roux qui s'étend à l'infini. Personnellement je tâche à me convaincre que j'éprouve satisfaction et fierté à savoir que je traverse la plaine où Israël vainquit Og, roi de Baschan, tua ses sujets jusqu'au dernier et s'empara de son territoire.

M. Robert paraît à la porte de notre wagon. Il se découvre, s'incline. A ce moment je suis tout à fait certain qu'il a bien été régisseur parlant au public. Il est des gestes qui ne peuvent tromper.

— Messieurs et dames, dit-il, je vois avec peine que vous n'avez pas de provisions. Moi, je suis précautionneux de ma nature. C'est ce qui fait que j'ai apporté de quoi déjeuner. Si le cœur vous en dit…

Nous nous regardons, mes compagnons et moi. Ils ressemblent tous les quatre à Charlie Chaplin aux pires moments de disette de la *Ruée vers l'or*. Il est vraisemblable que l'expression de mon visage est identique à la leur…

— Allons, sans cérémonie, dit M. Robert. C'est offert de bon cœur…

Que celui qui n'a jamais eu faim entre Derâa et Bosraa-eski-Cham, par un après-midi de décembre, qui ne s'est jamais demandé quand sonnerait l'heure de son prochain repas, nous juge !

Nous sommes sans force pour résister à la douce voix, à la voix tentatrice du directeur des Maisons Militaires de l'Armée du Levant. Nous acceptons de ses mains le pain, les sardines, le thon mariné, la mortadelle, les œufs durs, le fromage, la bière, les oranges, les mandarines.

Et nous mangeons toutes ces denrées acquises, aucun doute ne nous est permis, avec l'argent du déshonneur.

Homme à principes ! comme tu t'es vite dégonflé !

Il ne te reste plus qu'à aller remercier en son wagon celui dont tu as accepté d'être l'hôte.

M. Robert lit. Il lit *Yamilé sous les Cèdres*, de M. Henry Bordeaux. L'homme à la scie dort. Les deux femmes aux visages enflammés par le fard chantonnent et fument. Chacune d'elles a, au bas mot, la valeur de trois livres turques or dans la bouche.

J'ai formulé mon remerciement.

— Voyons, voyons… C'est la moindre des choses entre Français, dit M. Robert.

Il pose son livre, se lève, me rejoint dans le couloir, me tend un étui d'argent :

— Une cigarette ? On les fabrique spécialement pour moi à Latakieh. Vous pensez bien qu'en toutes choses j'ai ce qu'il y a de meilleur en Syrie… Dans ma situation !

— C'est trop juste !

Le visage de M. Robert est rayonnant. Il a suffi que je prononce ces trois mots pour que M. Robert sache que je le connais, que sa réputation est venue jusqu'à moi. Maintenant, il peut me faire ses confidences, m'exposer ses états de services.

— Dix-huit maisons que je dirige, monsieur. Toutes celles de l'Armée du Levant ! J'ai le monopole. J'ai créé tout ça en quatre ans. J'ai débuté en 22. Avant, je tenais un petit café à Beyrouth. Un jour, le général Gouraud me convoque : « Robert, me dit-il, je vous connais. Vous êtes un débrouillard. Vous allez me monter une maison pour la troupe. J'ai réquisitionné un immeuble à cette intention. Allez me voir ça. Mettez-moi l'affaire sur pied en cinq sec. Je vous donne huit jours pour être prêt à fonctionner. Au revoir. »

« Je visite l'immeuble. Il peut convenir à la chose. Il me faut du personnel. Je fais une tournée dans les maisons du quartier qui est à côté de la place des Canons et j'engage dix femmes. Il me faut des tables, des chaises, un piano pour la salle du café, des meubles pour les chambres, de la boisson. Je n'ai pas d'argent. Qu'est-ce que vous auriez fait à ma place, monsieur ? Moi je suis retourné voir le général. Je lui explique mon cas. Au premier mot il m'arrête. « Compris, Robert ! » Il appelle un officier : « Préparez-moi un bon de cent mille francs sur le Trésor. » L'officier obéit. Le général signe le bon. Je vais chez le payeur, j'encaisse les cent billets. J'achète tout le nécessaire. Et, au jour fixé, j'ouvre ma maison.

« C'était un samedi à six heures du soir. Le lendemain matin à sept heures on travaillait encore au café et dans les chambres. Quand le dernier client est parti, on avait fait deux cent trente-huit passes. Avec dix femmes, Monsieur ! On peut dire que c'est un chiffre !

« Et ça a continué. Et comme de juste, au bout de la semaine, je rendais les cent billets au général. Je n'avais plus besoin des avances de la France.

« Je pouvais marcher avec mes propres moyens.

« — Robert, me dit le Général, vous êtes un as. Si je ne me retenais pas, je vous foutrais une citation.

« Seulement mon personnel a besoin d'être ménagé. Je rends compte au général. Il me comprend. Il appelle un officier. « Rédigez-moi un règlement pour la maison de Robert. Ouverture tous les soirs de 17 à 20 heures trente. Le dimanche, matinée de 19 heures à 16 heures et soirée prolongée pour les permissionnaires jusqu'à 22 h. 30. A afficher dans la maison de Robert et à insérer au rapport des corps de services. »

— Voilà, dis-je pour couper le monologue, un général comme il en faudrait beaucoup.

— C'est un fait, opine M. Robert… Alors, ma réputation se répand. On me demande à Alep, à Tripoli, à Homs, à Hama, à Damas. Et c'est ainsi que, de fil en aiguille, je suis maintenant à la tête de dix-huit maisons et d'un effectif de deux cents femmes.

— Personnel sans doute assez difficile à mener ?

— Oui et non. Vous savez ce que c'est, il y a une façon de prendre le monde. Moi, je l'ai… « Sévère, mais juste », voilà ma devise. Les femmes aiment ça. Quand il y en a une qui fait une faute, je ne la manque pas : l'amende. Mais jamais de coups. Bref, sans vouloir me vanter, je suis bien estimé de toutes. Ainsi, il m'arrive de passer deux ou trois nuits dans une maison. Eh bien, monsieur, le matin, quand j'appelle, toutes les femmes arrivent dans ma chambre. Ça me baise la main, ça me sert mon café. Je voudrais que vous puissiez voir ça ! Mais, par exemple, il y a un ennui : l'amour !

— L'amour ?

— Oui. La femme de maison est sentimentale, Elle s'éprend facilement des gradés. Supposez que vous dirigez une affaire. Vous avez trois femmes. Bon. Une des trois tombe amoureuse d'un sous-officier. Qu'est-ce qui se passe ? L'amant est là tous les soirs. Naturellement, l'homme de troupe ne va pas demander à l'amie d'un sous-officier de monter avec lui. Il saurait ce que ça lui coûterait ! C'est donc une partie de votre effectif indisponible. C'est de la perte. Mais j'ai l'œil. Et, dès que je découvre quelque chose, je mute la femme. De Homs, je l'envoie à Damas ou de Merdjayoum, à Ezraa.

« Et puis, il y a aussi les gérants. Je ne peux pas être partout à la fois. Mme Robert dirige la maison de Tripoli. De ce côté-là, je suis tranquille. Mais, dans chacun des autres établissements, j'ai dû mettre un gérant. Généralement, c'est un ancien sous-officier qui, au moment de sa libération, a mieux aimé rester en Syrie que de se laisser rapatrier. Il m'a demandé une place. Je lui ai confié une maison. C'est bon parce que c'est énergique. Ça connaît la troupe. Ça sait se faire respecter.

« Seulement, dans le système D., ça va tout de même un peu fort. Alors, il y a du coulage. Pas sur les passes. C'est impossible. Les femmes ont des jetons à leur nom. Chaque fois qu'elles montent, elles doivent en donner à la caisse. Le contrôle de leur travail et de leurs encaissements est automatique, comme je dis.

« Le coulage est dans la boisson. Avec une bouteille de Dubonnet ou de Pipermint, le gérant en fait deux. Le client ne remarque pas ce qu'on lui sert. Ainsi, vous, monsieur, quand vous allez dans une maison de tolérance, ce n'est pas la qualité de la consommation qui vous intéresse. Le gérant le sait.

Il en abuse. Et j'ai calculé, qu'en baptisant le liquide, chacun d'eux se fait dans les cinquante mille par an sur mon dos. C'est trop. Mais j'étudie un système de caisses enregistreuses. »

Le train stoppe devant la halte d'El-Moussefireh. Ici est cantonnée la Légion étrangère. Ce qui reste de la Légion étrangère dont les derniers faits d'armes à Hasbaya et Rachaya « égalent les plus beaux de l'histoire[17]. »

[17] Rapport du général Gamelin.

Tout le contingent est sur ce quai : officiers drapés dans leurs grands burnous blancs, sous-officiers en kaki, hommes de troupe en treillis. Beaucoup de Russes, de Polonais, de Tchèques, d'Allemands… et puis des gens de chez nous, des gens qui n'ont plus de nom…

Les uns sont venus dans ce corps pour essayer d'oublier un passé trop lourd ou douloureux. Les autres, pour se mettre à l'abri de toutes investigations. D'autres, encore, aiment la violence. Or, à la Légion, la violence sous toutes ses formes devient héroïsme.

Calot sur les sourcils, cigarette aux lèvres, battant ses houseaux de cuir d'une cravache en nerf de bœuf, un maréchal des logis surveille une corvée de viande. Il est petit, râblé, sanguin. Ses jambes sont arquées, ses mâchoires terrifiantes, ses grosses moustaches rousses cosmétiquées sont tordues comme des cornes de bélier. Ses yeux bleus, cruels, sont d'étroites boutonnières.

Il parle. Il parle comme on ne parle plus depuis vingt ans dans les pires endroits de Paris. Et sa gorge, ruinée par l'alcool, par la syphilis, n'émet plus — telles ces orgues de Barbarie fourbues — que quelques rauques sonorités.

Je vois ce fauve roux lancé dans le bled, entrant dans un village, pénétrant dans une maison arabe et y opérant ! Je vois tout !…

Peut-être ai-je tort décrire cela ? Peut-être cet homme trouvera-t-il demain la mort dans un engagement ? Alors, ce sera un héros…

M. Robert se penche à la portière. Les officiers le reconnaissent.

— Tiens, Robert ! Bonjour, Robert !

M. Robert salue militairement.

— Bonjour, mon capitaine. Bonjour, mon lieutenant.

Des mains se tendent vers lui. Il veut bien y mettre la sienne.

On peut donc serrer la main de M. Robert ? Sans doute, puisque, de cette main, l'on peut accepter le pain, la viande, le fromage et les fruits. Ce voyage m'aura encore appris des choses.

— Vous nous amenez du renfort, Robert ?

— Non, mon capitaine.

— Comment, non ? Et ces deux-là ? (le capitaine désigne la musulmane et la chrétienne qui, penchées à une autre portière, rient parce que les légionnaires leur adressent des gestes, sur la signification desquels on ne saurait se méprendre).

— Mon capitaine, ces deux dames sont pour Bosraa, où on m'a rendu compte qu'il y a en ce moment un peu de presse.

— Le coup de feu !

C'est un mot. M. Robert veut bien en sourire.

Des cris éraillés. Une ruée d'Amazones vêtues d'oripeaux. Un bruit de savates dans la boue. Des cheveux noirs, roux, blonds qu'on retient d'une main, et que la pluie plaque sur les crânes, en mèches raides. Des joues rubescentes. Des yeux cernés de bleu. Des bouches pavées d'or.

M. Robert est inondé de fierté. Il me dit :

— C'est mon personnel d'El-Moussefireh. J'ai télégraphié que je passerais en gare aujourd'hui. Il est venu me saluer. Ah c'est stylé !…

M. Robert tend la main aux Amazones. Elles la baisent tour à tour, puis, avec de nouveaux cris, de nouveaux rires, montent dans le wagon, embrassent leurs deux compagnes, qui vont compléter l'effectif insuffisant de Bosraa-eski-Cham.

Le train est reparti. M. Robert entend poursuivre mon éducation.

— Si on les écoutait, on leur enverrait tous les huit jours de nouvelles femmes. Ce n'est pas possible, monsieur. Vous le comprenez bien. Le voyage est cher. Ça ferait trop de frais. Et puis, vous voyez le temps qu'on perd ! Je suis bien forcé de tenir compte de tout cela pour l'utilisation de mes effectifs et de n'ordonner des déplacements qu'à bon escient. C'est pourquoi je laisse chaque équipe le plus longtemps possible dans une maison. Je la change seulement quand on l'a trop vue, qu'elle ne fait plus recette. Alors j'opère des mutations. Toujours par dépêches. Comme un général.

— Et votre service de recrutement ?

— J'allais y arriver. De temps en temps, je fais des tournées dans les maisons civiles et je passe des engagements. Et puis, comme j'ai ma réputation dans le pays, des parents m'amènent leurs filles. Mais j'ai fixé un âge minimum pour l'admission. On n'entre pas dans les Maisons Robert à moins de douze ans, monsieur !…

« Tout de même, il arrive que je sois trompé. Ainsi, le mois dernier, j'ai accepté une recrue trop jeune. Le croiriez-vous, monsieur ? Le major chargé de la visite ne peut même pas lui passer le spéculum.

Nous roulons devant un poste installé le long de la voie.

Une vingtaine de tentes sont groupées sur le sol liquéfié. Il en sort quelques malheureux vêtus de boue et qui agitent les bras vers ce train dont le passage quotidien est la seule distraction.

— Et ceux-là, monsieur ! qui vont rester ici peut-être plusieurs mois sans être relevés ? Est-ce que vous croyez qu'ils ne méritent pas qu'on pense à eux, qu'on soigne leur moral ? Pour tous les postes isolés dans le bled, j'ai constitué des équipes volantes : deux ou trois femmes qui vont vivre sous la tente quarante-huit heures avec la troupe. Comme de juste, je m'arrange toujours pour les envoyer le lendemain du prêt ! Et j'établis un roulement. Il faut de l'équité dans tout. C'est pourquoi ce ne sont pas toujours les mêmes qui sont de bled. Car, entre nous, ce n'est pas une existence. Et vous vous rendez compte que les femmes préfèrent vivre en maison… Mettez-vous à leur place, monsieur. Surtout que chez moi c'est le confort même. Vous en aurez une idée quand vous saurez que, dans chacun de mes établissements, j'ai installé un piano mécanique tout ce qu'il y a de beau.

— Dix-huit pianos mécaniques, M. Robert ?

— Oui, monsieur, dix-huit. Et que j'ai commandés d'un seul coup, par lettre, à la Maison Limonaire, 166, avenue Daumesnil, à Paris, XIIᵉ arrondissement. Et que j'ai payés d'avance, recta, par un chèque. Je veux que le soldat français soit bien chez moi, monsieur. C'est ma fierté.

« Et puis je fais aussi le ravitaillement. Je suis de toutes les colonnes. Partout où il y a baroud, on me voit arriver avec mes camions-autos. J'apporte à manger et à boire aux combattants. Du vin, de la bière, de la limonade pour la troupe, du champagne pour les officiers. J'étais à Soueïda, monsieur. Ah ! monsieur !… Cette journée !… Qu'est-ce qu'ils seraient devenus sans moi ?

« Pensez-vous que le général Michaud n'avait même pas songé à leur faire apporter de l'eau. Et j'étais aussi à Rachaya, à Hasbaya, enfin partout.

« Bien sûr que ça rapporte, et pas seulement, comme vous pourriez croire, parce que la vente est bonne. Ça rapporte aussi en nature, vous allez comprendre. On entre dans un village. Bon. On ne va pas brûler les maisons avec tout ce qu'il y a dedans. On sort le meilleur. C'est la prise de guerre.

Chacun se sert. Mais comment emporter tout ça ? Je passe avec mes camions. « Une bouteille de bière pour ton plateau de cuivre, mon petit gars. » Je donne la bouteille, j'emporte le plateau. « Une bouteille de champagne pour votre tapis, mon commandant. — Dix bouteilles. — Cinq.

« On s'arrange pour la demi-douzaine et je charge le tapis. Un jour, j'ai même emporté un lit magnifique, tout en nacre. Un lit historique. Le roi Fayçal avait couché dedans. C'est maintenant le mien, monsieur.

« Vous ne pouvez pas vous figurer tout ce que j'ai rapporté de mes colonnes. Des tapis, des étoffes, des cuivres. Une fortune, monsieur.

« Ah, la colonne a du bon pour moi ! Seulement, il y a le risque. Souvent, au retour, sur la route, les salopards tirent sur mes camions. Je fais le coup de feu. Mais comment voulez-vous que je me défende avec un mousqueton ? J'ai donc demandé au commandement de m'installer une mitrailleuse sur chacun de mes camions. La chose est à l'étude.

M. Robert touche sa boutonnière.

— Eh bien, monsieur vous n'allez pas me croire et pourtant je ne mens pas. Depuis quatre ans que je sers l'armée, on ne m'a pas donné ça !...

— De la patience, monsieur Robert !

— J'en ai, monsieur, j'en ai. Seulement il y a des jours où, sauf votre respect, je trouve qu'on se fout un peu de moi. Enfin, ce qui me console, c'est que, sous le rapport de l'argent, ma vie est faite. Avec ce que j'ai en banque, si je voulais vendre mes dix-huit maisons et mes prises de guerre, je réaliserais bien dans les sept à huit millions. Ce n'est pas gentil en quatre ans ?

« Mais vous comprenez bien que ce n'est pas au moment où il y a un coup de tabac que j'agirais comme ça. En somme, je dois tout à l'armée. C'est pourquoi j'attends que les affaires s'arrangent pour me retirer.

— En beauté.

— Dame, monsieur, on a le sentiment de son devoir.

— Sa conception de l'honneur.

— Bien sûr ! Que voulez-vous... on ne se refait pas. Et même, vous voyez que je continue à apporter des améliorations à mes services. Ce petit vieux qui dort avec sa scie entre les jambes, c'est mon menuisier. Je l'emmène à Bosraa pour qu'il aménage une salle spéciale destinée aux officiers. Jusqu'ici, ils étaient avec les hommes de troupe. Moi, je suis pour la hiérarchie ! »

Pourquoi, comment ai-je dit à M. Robert que l'hôtel de Derâa est un bouge infâme, une sentine et que jamais, jamais je n'y remettrai les pieds ? Je ne sais…

M. Robert m'a jeté un regard désolé.

— Ah ! monsieur ! Si j'avais su ! Vous pensez bien que je ne vous aurais pas laissé aller là ! Ce n'est pas un endroit pour vous ! Promettez-moi qu'à votre retour vous me ferez l'honneur d'accepter l'hospitalité dans ma maison…

Je ne suis pas repassé par Derâa…

VIII
Ce qu'on apprend à Damas

En dépit de ce que le voyage présente d'un peu hasardeux[18], c'est à Damas qu'il faut venir si l'on souhaite vraiment de se pencher sur l'âme syrienne et d'en suivre les palpitations.

[18] J'écrivais ces lignes en pleine insurrection (décembre 1925). Aujourd'hui, la situation est très améliorée. Le trajet de Beyrouth-Damas s'accomplit sans incident.

Alep, la véritable Alep, l'Alep musulmane qui, farouche et impénétrable, s'étend entre la citadelle et le désert, ne livre point son secret. Beyrouth, cosmopolite et corrompue, occupée du seul intérêt matériel, du seul lucre, pratique avec une habileté consommée l'art de dire exactement à ceux qui l'interrogent — et quels qu'ils soient — les paroles qu'ils espèrent entendre.

Pleine de mouvements et de clameurs, Damas se livre davantage. L'Arabe l'appelle Ech-Châm, du même nom qu'il donne au pays tout entier. Entourée de jardins enchantés, sans cesse irriguée par mille ruisseaux venus des montagnes, où croissent les plus beaux arbres fruitiers du monde et dont le Coran proclame qu'ils sont à l'image du paradis, elle est le cœur et le cerveau de la Syrie.

Dans les rues de cette immense cité, du caractère oriental le plus pur, riche de plusieurs centaines de mosquées, de palais, de ruines antiques endormies sous la poussière qu'y ont accumulée les siècles, grouille une population colorée, remuante que, parfois, son fanatisme et sa xénophobie incitent aux pires actions.

Jamais cette population ne put être exactement recensée et nul ne peut se flatter de connaître ses sentiments, ses aspirations, ni de prévoir ses éventuelles réactions dans une circonstance donnée.

Son fanatisme est entretenu par les ministres de la religion, par d'innombrables agitateurs-orateurs qui parcourent les quartiers populaires, les souks, les bazars, les caravansérails, les marchés, s'arrêtent dans les cours des mosquées et dans les petits cafés, où le Damascène passe tant d'heures à jouer aux dominos, au jacquet, ou, assis, jambes croisées sur un vieux canapé de bois, à rêver sans fin devant un narghilé.

Au nom du Prophète, s'appuyant sur tels passages du Coran qu'ils appliquent aux événements de l'heure, ces orateurs prêchent la haine de l'infidèle, de l'étranger, en ce moment, du Français, puisque c'est lui qu'il s'agit de combattre…

Et tout ce petit monde de la rue, tout ce petit monde si sensible et qui, si facilement, s'agite, d'entrer en ébullition, de penser à la Guerre Sainte.

La même agitation, plus raisonnée — est-il besoin de le dire ? — et plus redoutable aussi, règne parmi les étudiants des médrèsés, des écoles de médecine et de droit, chez les lettrés, dans les innombrables cercles politiques où se réunissent poètes, écrivains, médecins, avocats, pour écouter, applaudir avec frénésie des tribuns dont beaucoup sont doués d'un grand talent et dont l'éloquence enflammée transporte les auditoires.

Je suis arrivé à Damas au soir tombant, quelques instants à peine avant l'heure fixée par l'autorité militaire pour la fermeture de toutes les maisons et l'arrêt total de la circulation. Je vous laisse à penser quelle fut ma première impression : imaginez celle éprouvée par un voyageur à qui Paris eût été révélé durant une nuit d'hiver de la guerre.

Par fortune, j'étais pourvu d'un laissez-passer permanent. C'est pourquoi, ayant pris place dans une auto, sur le siège de laquelle deux soldats en armes étaient montés, je pus parcourir la ville en tous sens.

Chaque rue était barrée de réseaux mobiles de barbelés en chicane, bordée de défenses constituées par des monceaux de sacs à terre, de blockhaus bourrés de grenades et garnis de mitrailleuses.

Tous les cent mètres, une sentinelle, fantassin de chez nous, tirailleur algérien, spahi marocain, Sénégalais, gendarme français ou syrien sortait de l'ombre, croisait la baïonnette, criait : « Qui vive ? », et, ayant reçu le mot, déplaçait les réseaux mobiles pour nous permettre le passage.

L'auto faisait un nouveau bond. Ses phares projetaient un faisceau de lumière sur un groupe de petites maisons à encorbellement, un minaret, une fontaine, une colonnade romaine qui, aussitôt, s'évanouissaient dans la nuit. Parfois, au loin, des coups de feu éclataient.

C'est ainsi que je fis connaissance avec la « Perle de l'Orient ».

Le lendemain matin, très tôt, j'étais réveillé par le canon : une colonne en marche vers le nord-est nettoyait une région hantée par les bandes.

Le peuple de Damas n'était pas autrement troublé par le cri rageur de l'engin meurtrier que prolongeait l'écho des montagnes. Pas davantage par toutes les organisations défensives qui s'élevaient dans les rues et qu'il semblait ne point voir. Dans sa boutique, le commerçant attendait paisiblement qu'Allah, dispensateur de la subsistance, lui envoyât des pratiques. Les marchands de pistaches, de pois chiches grillés, de légumes et de fleurs criaient leurs denrées. Sur les canapés de bois des cafés, les fumeurs de narghilé commençaient de rêver. Les dominos claquaient sur les tables de marbre.

Dans les cours des mosquées, des hommes accroupis sur leurs talons, formaient cercle autour d'un lettré qui leur tenait un discours, leur lisait un journal venu du Caire publiant le récit d'une défaite française au Maroc ou accusant nos troupes de commettre en Syrie des atrocités sans nom.

Propagande !… Propagande !…

Elle s'exerce ici sans trêve, sous toutes les formes, dans tous les milieux.

*
* *

Très loin du centre de la ville, dans un quartier aux étroites voies tortueuses, les émirs, les pachas et les cheiks vivent volontairement reclus en des maisons-forteresses aux façades nues, sans autre ouverture que des portes blindées percées d'étroits judas grillagés.

Une de ces portes s'ouvre-t-elle pour vous, comme elle s'ouvrit pour moi ? Vous pénétrez dans un décor des *Mille et une Nuits*. Un eunuque nègre vous conduit, à travers de longs couloirs obscurs, jusqu'à une large cour intérieure, dallée de marbres multicolores disposés en admirables mosaïques, au milieu de quoi, dans une vasque d'albâtre ouvragée comme une pièce d'orfèvrerie, l'eau fraîche chante sans arrêt.

Des citronniers, des orangers, un palmier géant dont les racines courent sous la précieuse mosaïque, versent leur ombre douce dans ce patio sur lequel s'ouvrent les pièces de la maison.

On vous introduit dans l'une d'elles. Elle est dallée de marbre comme la cour. Mais la mosaïque est couverte presque entièrement de tapis somptueux. Les murs, le plafond sont décorés de cuir repoussé, gaufré, ciselé où se jouent l'or éteint et mille couleurs patinées par les ans.

Plusieurs hommes sont assis sur des coussins richement brodés. Ils fument. Ils boivent le café dans de minuscules tasses. Ils se lèvent quand vous entrez, vous saluent, vous invitent à prendre place dans leur cercle, à fumer, à boire le breuvage odorant, dont ils font une si large consommation.

Ils ont généralement passé l'âge mûr. Quelques-uns sont très vieux. Les uns portent la redingote, le tarbouche rouge, les autres, la robe noire, le turban blanc ou vert. Deux ou trois restent fidèles au costume des Bédouins du désert.

Quand la très forte impression ressentie par vous qui venez, si brusquement, de pénétrer dans un cadre et dans un monde insoupçonnés s'est dissipée, vous découvrez la présence, parmi ces hommes si différents, si éloignés de vous, de quelques personnages très élégants aux costumes occidentaux, dont les regards se posent avec insistance sur votre visage.

Ce sont des avocats, des médecins, d'anciens ministres du roi Fayçal. Ils ont fait leurs études en Europe. Ils connaissent notre langue, notre personnel politique, lisent nos journaux et l'on comprend, dès leurs premiers mots, dès leurs premières questions, qu'ils sont chargés de tenir dans ces maisons princières exactement le rôle que jouent, dans les quartiers populaires, les orateurs-agitateurs dont j'ai parlé plus haut.

Ils ont assumé la tâche d'encourager le fanatisme des princes, des pachas et des cheiks, de les inciter à la résistance et de recueillir auprès d'eux, qui sont fort riches, des subsides qui serviront à la propagande et à l'achat d'armes…

C'est avec eux qu'il importe de converser. Ah! les redoutables *debaters*! Comme ils sont retors! Comme, dans leurs discours, ils savent bien prononcer les formules en honneur à la Société des Nations et aussi celles dont usèrent les puissances alliées au cours de la grande guerre : «Principe des nationalités ! Droit des peuples à disposer d'eux-mêmes» !

Il faut les laisser parler. Et l'on apprend des choses bien intéressantes.

Singulièrement celle-ci : le problème syrien, déjà si irritant, si malaisé à exposer, se complique encore du fait que les organisations panislamiques collaborent avec les adversaires du mandat.

Sur toute l'étendue des pays d'Islam, les Musulmans fanatiques poursuivent le rêve de secouer la tutelle européenne qui leur est imposée. Songeant à la gloire des conquérants dont ils sont les fils déchus, mais non résignés, conservant l'illusion de pouvoir, un jour, reprendre leur marche vers l'ouest, de récupérer les immenses étendues jadis asservies qui vont de l'Adriatique à Constantinople et, d'autre part, comprennent toute cette Afrique du Nord (Égypte, Tripolitaine, Tunisie, Algérie, Maroc) où l'Angleterre, l'Italie, la France et l'Espagne se sont installées, les musulmans fanatiques ne sont pas très éloignés de croire que l'insurrection syrienne est le prélude du grand mouvement libérateur…

Si l'on pouvait douter de la solidarité existant entre Damas, Angora, les Riffains, les Égyptiens nationalistes, il suffirait, pour s'en convaincre, de constater qu'il n'est pas un petit café, pas une boutique de marchand ou d'artisans, pas une maison princière où l'on ne voit, à la meilleure place, de grossières enluminures ou de magnifiques photographies représentant Mustapha Kémal[19], Saad Zagloul, Abd-el-Krim, tous les héros de l'Islam dressés contre l'Occident !

[19] Mustapha Kemal, représentant l'idée turque et dont on est d'autant plus surpris de voir l'image honorée par l'Arabe qu'elle devrait rappeler à celui-ci le joug turc sous quoi il gémit de longs siècles durant.

Et, bien entendu, car nous sommes ici aux lieux où les hommes s'abandonnent avec délices à leurs songes, il n'est émir, cheik, militaire, avocat, journaliste, qui ne se croie promis à la fortune, à la gloire de Mustapha Kémal Pacha !

*

* *

Pourtant, ces propagandistes de l'idée panislamique ne sont pas les auteurs responsables de nos difficultés, les instigateurs du mouvement insurrectionnel. Ils sont venus à lui lorsqu'il s'est déclenché, parce qu'ils ont cru, je l'ai écrit plus haut, qu'il était, pouvait être le premier épisode de la grande lutte à laquelle ils pensent.

Si les éléments nationalistes syriens, qui, encore un coup, appartiennent à toutes les confessions, ont accueilli, comme de précieux auxiliaires, les serviteurs d'une autre cause que la leur, c'est que ceux-ci sont capables et de fournir d'importants subsides à l'insurrection, et d'organiser, auprès des populations, une très ardente, une très utile propagande antieuropéenne, antifrançaise.

Mais ils ont conservé toute leur liberté d'action. Ils ne tendent que vers un but strictement national : donner au mandat les formes d'un traité qui, passé entre la France et la Syrie, fixerait pour trente ans les relations, les droits et les obligations réciproques des deux nations.

Ce traité, s'inspirant de celui conclu entre la Grande-Bretagne et l'Irak, réserverait à la France l'influence politique et la priorité économique sans porter atteinte à la souveraineté nationale de la Syrie.

Ils entendent réaliser l'unité syrienne, créer une armée nationale de façon à permettre aux troupes françaises l'évacuation progressive du pays et demander l'admission de celui-ci à la S. D. N. ainsi que le droit de représentation extérieure analogue à celui concédé à l'Irak[20].

[20] Après avoir étudié avec une parfaite lucidité et la plus honnête objectivité le problème syrien, M. Henry de Jouvenel, le premier de tous les Hauts-Commissaires, comprit quelle orientation il fallait donner à la politique française.

Mais son trop court séjour en Syrie (décembre 1925-mai 1926) ne lui permit pas de réaliser son programme qui se rapprochait sensiblement de celui que nous venons d'indiquer.

Le Quai d'Orsay a-t-il admis d'aussi sages conceptions ? M. Ponsot a-t-il été invité à réaliser ce que son prédécesseur avait si bien préparé ?

Ou, au contraire, lui a-t-on donné pour mission de revenir aux errements anciens ?

On le voudrait savoir.

Car, dans le premier cas, nous pourrions, sans abandonner aucune des prérogatives de la France, espérer la pacification de la Syrie. Dans le second, il nous faudrait nous préparer à poursuivre la guerre…

C'est pour nous faire admettre leurs revendications qu'ils combattent, acceptent toutes les collaborations qui s'offrent à eux, celle des panislamiques, du Comité syro-palestinien et des mercenaires que celui-ci a lancés contre nous : Druses de Soltan-el-Attrache et Arabes recrutés par les chefs de bandes professionnels.

Il sied de faire une place à part à ces Syriens qui admettent que nous soyons leurs alliés, leurs conseillers, mais ne veulent pas de nous comme maîtres. Il ne faut point les confondre avec les ambitieux, les aventuriers, les faméliques, les gens prêts à toutes besognes groupés autour de l'extravagant néo-prince du Caire et dont le patriotisme est aussi sujet à caution que la moralité. Antimandataires farouches, certes et capables d'employer contre nous les armes les plus redoutables, ils ne sont pas méprisables. Ils luttent pour une idée, l'Idée syrienne. Et si quelques-unes de leurs revendications sont excessives, mal justifiées, du moins en est-il dont nous ne saurions, sans mauvaise foi, contester la légitimité.

CARTE DES ÉTATS DU LEVANT PLACÉS SOUS LE MANDAT FRANÇAIS

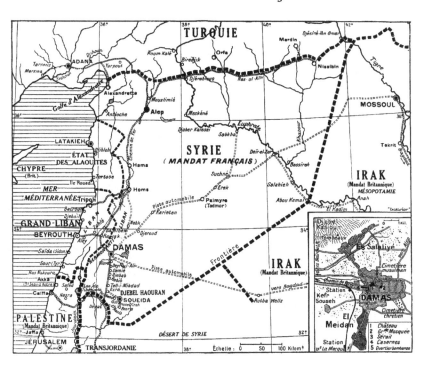

Communiqué par « Excelsior »

IX
Examen de conscience

Quels sont les devoirs et les droits d'une puissance mandataire ? Comment celle-ci doit-elle concevoir la mission qu'elle tient de la Société des Nations ?

Parlant devant la Chambre des Députés, au cours de la discussion relative aux événements qui se produisirent en Syrie, alors que Sarrail y représentait la République, M. Aristide Briand déclarait qu'en somme la seule expérience permettrait de répondre à ces questions et de trouver la définition du mandat.

C'était reconnaître qu'après six années de séjour dans le Levant, nous cherchions encore la formule susceptible de la fixer.

Voilà, précisément, ce que les Syriens nous reprochent.

Témoins de nos hésitations, de notre versatilité, beaucoup se demandent, non sans anxiété, par quelles voies les tuteurs que nous sommes officiellement pour eux les conduiront jusqu'à leur majorité nationale, politique et administrative. Plus nombreux encore sont ceux qui nous estiment incapables de remplir cette tâche lorsqu'ils font examen critique de notre administration, dressent le bilan de nos erreurs et de nos fautes.

Car nous avons commis un grand nombre des unes et des autres, et peut-être convient-il de procéder à un examen de conscience.

*
* *

Et, d'abord, nos militaires et fonctionnaires se sont mépris sur la nature du rôle qui leur était dévolu.

Le mandat était une conception nouvelle. Pour l'appliquer, lui donner vie, il était indispensable de croire à la Société des Nations, d'avoir « l'esprit des traités ».

Or, nos militaires, qui venaient de gagner la guerre en France et en Orient étaient un peu grisés par leurs victoires. Ils avaient fait de l'occupation en Allemagne, en Macédoine, en Thrace, en Turquie. Ils ne croyaient qu'à la force. La Société des Nations leur paraissait une institution assez risible.

C'est le plus naturellement du monde qu'ils considérèrent les pays placés sous notre mandat comme des territoires à occuper. Ils furent impérieux, brutaux et, quand les troubles se produisirent, ils prirent des mesures répressives au petit bonheur, brûlant et rasant des villages, dont les habitants, privés d'abris, de moyens d'existence, n'eurent plus d'autres ressources que d'aller grossir les rangs des rebelles.

Beaucoup de nos fonctionnaires appartenaient à l'administration coloniale. Eux aussi, et de bonne foi, supposèrent qu'on attendait d'eux qu'ils appliquassent les mêmes méthodes (bonnes ou mauvaises, ce n'est pas ici le lieu de les discuter) dont ils avaient usé, durant toute leur carrière, dans nos possessions au-delà des mers, à l'égard de populations très peu évoluées.

Les uns et les autres firent de l'autorité alors qu'il s'agissait d'exercer une tutelle.

Insoucieux des coutumes locales, du particularisme de chaque groupe d'habitants, des susceptibilités individuelles ou collectives, ignorant que la Syrie est un pays de très ancienne et très profonde culture, ils se comportèrent à peu de choses près comme ils se fussent comportés avec des nègres.

Bicots ! Tarbouchards ! Nha-Qoué étaient les mots dont ils usaient couramment pour désigner les Syriens, qu'il s'agît du portefaix qui, une armoire à glace sur le dos, traverse la rue, du commerçant, du lettré ou du grand seigneur.

On vit des capitaines, des lieutenants, des employés subalternes exiger des notables des marques extérieures de respect, que des généraux, des préfets, des ambassadeurs n'eussent point réclamées et que, d'ailleurs, rien ne légitimait.

On vit ces mêmes infimes représentants de la Puissance Mandataire convoquer à leurs bureaux des Cheiks, des Pachas, des Émirs, tous personnages fastueux, habitués aux honneurs, parfaitement au courant de toute hiérarchie, de tout protocole, les laisser debout, alors qu'eux-mêmes restaient assis et, d'un ton impératif, leur donner des ordres souvent ponctués de coups de cravaches sur la table !

On vit… Que ne vit-on pas dans les grandes villes, les villages et le bled ?

Mais pourquoi insister ?

En arrivant en Syrie, les Français, trop de Français, avaient tendance à se comporter comme en pays conquis. Or, ce n'était pas le cas. Et si tels actes, telles attitudes peuvent, paraît-il, se justifier par le droit de conquête, ils étaient, ici, tout à fait inadmissibles. De plus, Gouraud, grand soldat, belle et noble figure au demeurant, mais homme aussi peu préparé, aussi peu qualifié que possible pour jouer le rôle de Haut-Commissaire lequel exige tant de facultés diverses qu'on n'a pas accoutumé de rencontrer chez un militaire, était débarqué à Beyrouth avec des idées préconçues.

Il avait une mentalité de Croisé. Lui aussi, devait se rappeler la chanson de la Reine Hortense, l'expédition de 1860, et, au-delà, évoquer les figures des grands guerriers francs, Godefroy de Bouillon, Baudouin, Bohémond, qui l'avaient précédé sur ce sol.

La Syrie se présentait à ses yeux comme une terre chrétienne. Le musulman y était un intrus, un indésirable. Comme on ne pouvait le chasser, il fallait, sinon l'asservir, du moins l'abaisser et favoriser le chrétien ami, protégé et client plusieurs fois séculaire de la France.

Au mépris de ce principe qu'un tuteur ayant accepté de veiller sur plusieurs enfants n'a pas le droit de favoriser les uns au détriment des autres et sans se rendre compte surtout que les chrétiens, respectables certes et dignes de toute notre sollicitude, ne constituent, en Syrie, qu'une infime minorité alors que les musulmans occupent presque l'intégralité du pays[21], c'est à cette tâche, à cette tâche pro-chrétienne, alors que tant d'autres le requéraient, que Gouraud s'appliqua.

[21] Sur une population totale de 3 millions d'habitants, on compte 700.000 chrétiens (dont 300.000 maronites), presque tous concentrés dans le Liban.

Immédiatement entouré, chambré par le clergé maronite pour lequel il semble que la politique soit la grande affaire, il s'engagea dans une manière de nouvelle croisade.

Au reste, il agit avec une parfaite loyauté. Jamais il ne cacha son drapeau ni quelle orientation il entendait donner à sa politique.

Au cours d'une harangue qu'il prononça un jour, à Damas, devant le tombeau du Grand Saladin, dont tout musulman vénère la mémoire, il s'écria :

— Ma présence, ici consacre la victoire de la Croix sur le Croissant !

Ah ! les imprudentes, ah, les malheureuses paroles ! Quel tort elles nous devaient faire ! De Damas-la-Sainte, elles se propagèrent jusqu'aux extrêmes limites de toutes les terres d'Islam. Les musulmans de Syrie les ressentirent comme une injure, une provocation. Ils frémirent et s'indignèrent.

— Nous avons échangé le joug turc musulman contre le joug français très chrétien, dirent-ils.

Ce n'était rien encore ! Gouraud passa des paroles aux actes et, pour manifester de façon tangible sa sympathie aux chrétiens, pour complaire plutôt à leurs pasteurs-politiciens, il créa pour eux un État.

Jusqu'à notre arrivée, ils avaient vécu dans une région montagneuse et pauvre, le Liban, où croît le mûrier, que hante la chèvre et où les terres cultivables sont rares.

C'était leur pays. C'était là que la destinée les avait fait naître. Ils s'en contentaient comme l'habitant de nos causses, de nos landes, de nos plateaux rocheux doit se contenter du sien. D'ailleurs, rien ne les empêchait d'en partir et ils ne se privaient pas d'émigrer à l'étranger, notamment en Amérique du Sud, où ils allaient tenter et souvent séduire la Fortune.

Lorsque nous débarquâmes à Beyrouth, les Libanais que nous avions défendus en 1860[22] contre les musulmans, et qui, au moment des négociations pour le Traité de Paix, devaient demander que le mandat sur la Syrie nous fût dévolu, crurent, ou voulurent croire, que nous venions, après soixante années, poursuivre notre œuvre, et que, nécessairement, puisqu'ils avaient été nos protégés, nos clients, nous les devions favoriser au détriment des autres populations, leur donner une situation privilégiée.

[22] On avait alors constitué pour eux un sandjak autonome. Leur gouverneur devrait être chrétien et les grandes puissances, leur protectrices, ratifiaient sa nomination valable pour cinq ans.

Gagné d'avance à leur cause, Gouraud décida de leur constituer un magnifique domaine.

Il fit princièrement les choses. Au Sandjak de 1860, il annexa les casas d'Hasbaya Rachaya, Baalbeck, la riche plaine de la Bekaa, tous territoires peuplés en majorité de musulmans, la région de Tripoli et d'Akkar au nord, celle de Sour et de Saïda au sud. De la frontière palestinienne jusqu'aux parages de l'île de Rouad, toute la côte syrienne appartenait aux Grandlibanais.

Damas, qui n'est pas seulement la Sainte, mais la Commerçante, mais l'Industrieuse, Damas, la ville la plus importante de toute la Syrie, où aboutissent les routes de Bagdad, était isolée de la mer !

Autant, plus encore que par les paroles prononcées par Gouraud, devant le tombeau de Saladin, les Damascènes et tous les musulmans de Syrie furent atterrés.

Leur émotion se propagea. Des Druses, des Chrétiens même, qui se sentaient Syriens avant tout, qui avaient tant espéré, durant la guerre, la création du Royaume arabe qu'on leur avait promis et qui, après l'évanouissement de leur beau rêve, s'étaient résignés à n'être que des Syriens, mais le voulaient être, souffrirent de cette atteinte portée avec tant de désinvolture par l'étranger à leur souveraineté nationale.

Ils mêlèrent leurs voix à celles des musulmans. Ce jour-là, commença une action qui, depuis, ne s'est point arrêtée et se poursuit, l'Action pour l'Unité syrienne.

Gouraud ne devait pas s'en tenir là dans son travail de découpage. Après avoir proclamé l'indépendance du Grand Liban (septembre 1920), de la Syrie, il fit un puzzle. Il créa l'État des Alaouites (capitale Latakieh), l'État du Djebel Druse (capitale Soueïda), l'État de Damas et l'État d'Alep, tous deux entièrement isolées de la mer ! Il faut avouer que les Syriens qui protestèrent contre cette injuste mesure n'avaient peut-être pas tout à fait tort.

Pourquoi Gouraud fit-il cette poussière d'États ? Fut-ce, ainsi qu'on le prétend dans le Levant, pour multiplier les postes de gouverneurs, sous-gouverneurs, délégués et fonctionnaires de toutes natures, pour offrir fastueusement à ses collaborateurs militaires et civils des emplois grassement rémunérés sur les budgets locaux ? Je ne m'arrête pas à cette idée. Gouraud est aussi intègre, qu'il est loyal. S'il divisa, c'est qu'il pensa, ainsi, pouvoir mieux régner.

Hélas ! en ce pays, où toutes choses sont si compliquées, si difficiles, il est des conceptions, des formules (excellentes, peut-être, ailleurs) qu'il n'y faut point importer. En divisant, Gouraud porta une grave atteinte au sentiment national des éléments syriens les plus évolués, les plus sérieux dont il eût pu obtenir une précieuse collaboration et dont il fit des adversaires de cette Puissance Mandataire qui, sans apparente raison raisonnable, préludait à son action tutélaire en morcelant leur pays.

Par ailleurs, il créait de nouveaux particularismes, encourageait les intrigues locales, donnait à d'infimes groupements ethniques ou religieux l'extravagante ambition d'être érigés en États, d'avoir un Conseil Représentatif, un drapeau, un timbre-poste !

De misérables bourgades élevèrent la prétention d'être capitales. Et certains de nos fonctionnaires — mon Dieu, c'est très humain ! — qui, n'étant que sous-ordres, souhaitaient de monter en grade et devenir à leur tour gouverneurs, allèrent jusqu'à susciter artificiellement certains mouvements séparatistes !

Peut-être n'avez-vous pas oublié ce Reclus d'Alep qui voulut être roi !

De la Syrie, Gouraud avait fait une Macédoine, une Macédoine sillonnée de frontières arbitraires que, par la suite, lui et ses successeurs, s'abandonnant à leur inspiration personnelle ou obéissant aux suggestions qu'ils recevaient, multipliaient, déplaçaient, supprimaient[23].

[23] En six années, la Syrie connut toutes les aventures territoriales. Elle fut divisée, puis fédérée, puis découpée une fois encore. A peine l'unité des États d'Alep et de Damas fut-elle proclamée (1er janvier 1925) que le pseudo-mouvement séparatiste d'Alep se déclenchait. On peut le rapprocher du pseudo-mouvement séparatiste d'Alexandrette. Après avoir demandé son indépendance en mars 1926, le sandjak réclamait, au mois de juin de la même année, son rattachement à la Syrie de Damas.

Devant tant d'incohérence, les Syriens étaient affolés.

*

* *

Cet intempestif morcellement, et, surtout, la création de l'État du Grand Liban, est l'une des causes, la principale, la plus grave, du conflit qui s'est élevé contre la Puissance mandataire et ses pupilles de Syrie.

On peut, on doit tenir pour certain que ce conflit prendra fin seulement lorsque cette injustice sera réparée. Les Syriens cesseront de pactiser avec nos ennemis de l'extérieur, nos véritables ennemis, à condition que nous donnions à leur pays un débouché sur la mer et lui rendions les territoires sans lesquels il ne saurait vivre.

Est-il dans notre possibilité de les satisfaire ?

Hélas ! les choses ne sont pas si faciles.

Les chrétiens — ils estiment que possession vaut titre — ne se laisseraient point faire. A leur tour, ils crieraient à la spoliation. Ils ameuteraient le monde.

Ils crient déjà !

Eh oui ! Ils comprennent bien, malgré la passion qui les anime, qu'ils furent favorisés au mépris de toute équité. Ils comprennent bien que tout Français de bonne foi, étudiant objectivement le problème syrien, arrive inéluctablement à concevoir que ce problème pourra être résolu seulement lorsque l'Unité syrienne sera réalisée.

Et ils n'ignorent pas que, durant les pourparlers que nos représentants officiels ont avec les hommes politiques syriens, il est toujours, il est avant tout, question de ces éventuelles, de ces indispensables modifications territoriales.

Il faut lire leurs journaux chaque fois que, pour trouver, s'il se peut, un terrain d'entente entre les partis, une conversation de cette nature intervient. Sur quel ton ils s'expriment ! Avec quelle force, quelle autorité, ils somment le Haut-Commissaire de la République de proclamer solennellement l'intangibilité des frontières du Grand Liban !

Leurs prêtres, inspirateurs de ces ultimatums, s'agitent, multiplient les démarches, écrivent à leurs amis d'Occident. Et dans sa résidence de la montagne, le vénérable Patriarche des Maronites, Sa Béatitude Mgr Hoyek, se tient prêt à lancer l'anathème :

« Le mandat s'appuiera sur la communauté maronite ou ne sera pas », répète-t-il.

L'écho de ces clameurs vient jusqu'à Paris. Le représentant de la France reçoit l'ordre impératif de ne pas admettre que les frontières du Grand Liban puissent être discutées. Les chrétiens maronites, c'est-à-dire une minorité, reçoivent satisfaction. Mais la majorité syrienne continue à souffrir d'un état de choses, d'une injustice dont nous sommes responsables, dont nul ne saurait dire en quoi elle nous a profité. Et la lutte se poursuit contre nous.

Pourtant, il ne nous eût point été difficile de gagner leur amitié. Il ne fallait, pour cela, que leur témoigner de la sympathie et agir avec une certaine adresse.

Ils se trouvaient encore sous le coup de l'amère déception que leur avait causée le partage, par les alliés, des provinces détachées de l'Empire ottoman.

Nous pouvions leur donner une nouvelle espérance : celle que la Syrie deviendrait un jour le foyer de leur race.

C'était retourner, à notre profit, le plan que les Anglais tentaient de réaliser à la Mecque.

Le fait que nous occupions Damas-la-Sainte, la Prestigieuse, nous rendait l'entreprise aisée de créer, dans cette ville, une université qui, sous notre égide, eût rivalisé avec El Azar et fût devenue le centre où la pensée arabe se fût concentrée.

Nous n'avons pas compris le parti que nous aurions pu tirer de cette situation.

Notre présence en Syrie ne consacrait-elle point la victoire de la Croix sur le Croissant ?...

*
* *

Ayant morcelé le pays commis à nos soins pour en attribuer les plus belles parts à ceux de nos pupilles que nous portions tout particulièrement dans notre cœur, nous devions faire d'autres largesses encore avec un bien dont on nous conteste le droit de disposer à notre guise. Par le traité d'Angora nous cédions à la Turquie, la Cilicie, c'est-à-dire non seulement une région considérée par les Syriens comme faisant partie de leur patrimoine, mais encore une immense et très productive terre à blé.

Il n'y a pas lieu de discuter ici le Traité d'Angora au point de vue français. Mais au point de vue syrien ? Ne constituait-il pas, de notre part, un acte au moins hardi ?

Outre qu'il amputait la Syrie, mettait Alep et surtout Alexandrette[24] à proximité de la frontière turque, et collait exactement cette frontière au chemin de fer Mouslimié, Djerablous, Nissibin, ce qui, stratégiquement, présente un grave inconvénient, le traité d'Angora eut pour conséquence de faire entrer en Syrie, sous notre protection, des milliers de familles arméniennes qui fuyaient le pays où leurs ennemis revenaient et où, sans doute, elles eussent été massacrées en grand nombre.

[24] Les nationalistes turcs revendiquent Alexandrette et Antioche.

*
* *

Il est délicat de parler des Arméniens. Ils sont chrétiens. Ils ont été victimes de persécutions atroces. Ce sont là deux raisons qui les rendent sympathiques aux Français de France.

Mais qui connaît l'Orient n'ignore pas les raisons de ces persécutions et avec quelle allégresse, dès qu'elles le peuvent, ces victimes deviennent bourreaux…

C'est une abominable haine, une haine inextinguible qui dresse l'un contre l'autre l'Arménien et le Musulman. L'invasion d'un territoire presque uniquement peuplé de mahométans par une population que ces derniers détestent souleva une émotion considérable. On nous soupçonna d'avoir attiré en Syrie l'Arménien avec l'arrière-pensée de lui faire jouer, contre l'Arabe, le même jeu que joue le Sioniste en Palestine[25], où il tend de plus en plus à évincer l'élément autochtone.

[25] Mais alors que les Sionistes apportaient en Palestine leurs millions, leur activité, y travaillaient la terre, y faisaient pousser forêts, céréales, arbres fruitiers et vignes, l'Arménien n'apportait en Syrie que sa misère et ses appétits.

Et puis, instruit par des exemples antérieurs, on prévoyait ce qui allait se passer. A peine installés, réconfortés, les Arméniens, fils d'une race que ni la culture de la terre, ni l'élevage, ni toutes les tâches productives n'intéressent et qui est si merveilleusement apte à vivre, à proliférer, à s'enrichir sur le sol étranger où elle s'abat, gagnèrent les grandes villes, Alep, Beyrouth, Damas.

Ils construisirent de leurs mains de pauvres éventaires qui devinrent boutiques, tinrent sur leurs genoux, aux portes des cafés, des bureaux de change qui bientôt seront banques, firent aux artisans et commerçants locaux la plus redoutable concurrence… Et les voici déjà à Alep, propriétaires orgueilleux d'une partie de la ville.

Si j'ajoute à cela que maints d'entre eux furent employés comme auxiliaires dans notre armée et qu'au cours de certaines opérations répressives contre l'Arabe ils se comportèrent moins comme des soldats que comme des comitadjis, sans doute comprendrez-vous que les Syriens nous sachent médiocrement gré d'avoir peuplé leur pays de cet élément qu'ils jugent indésirable et estimerez-vous que des massacres seront difficilement évités.

Oh ! certes, nous ne pouvions refuser l'accès de la Syrie à ces familles que le Turc eût exterminées. Mais nous aurions dû avoir, avec elles, une politique telle qu'au lieu de constituer une lourde charge pour le pays elles eussent participé à sa mise en valeur.

Ce n'était pas dans les villes, déjà surpeuplées, où sévissait une grave crise économique et où, par conséquent, la lutte était âpre entre commerçants qu'il fallait installer les Arméniens, mais dans les campagnes où manque la main-d'œuvre.

J'ai dit que ce peuple préfère au travail de la terre, le troc, le négoce, le change, la banque, le petit artisanat dans les villes, toutes formes d'activité qui lui procurent des gains plus rapides, plus considérables et plus de chances de réussir.

Mais, poussé par la nécessité, alléché par certains avantages qu'on lui eût accordés, il fût devenu cultivateur et pasteur. Comme la Palestine a profité du Sioniste, la Syrie eût profité de l'Arménien au lieu d'en souffrir.

Une fois, on songea bien à lui donner l'occasion d'être utile au pays où il recevait asile. Dans la région d'Alexandrette existent de vastes marais. On dit à certaines familles : « Asséchez ces marais. Le terrain que vous aurez ainsi aménagé vous appartiendra. Vous y pourrez élever votre maison. » Les immigrés se mirent à la besogne. Mais, peu après, l'arrêté qui leur accordait la propriété du sol gagné par eux sur le palus fut rapporté. Ils cessèrent le travail et allèrent retrouver leurs frères dans les cités.

Nous n'avons su avoir ni une politique des Arméniens, ni une politique des chèvres. Celles-ci (comme ceux-là, disent les arménophobes) constituent un véritable fléau pour le Liban. Jadis très riche d'admirables forêts, il fut entièrement dévasté, pendant la guerre, par les Turcs. Le reboiser est une nécessité impérieuse que ses indolents habitants reconnaissent eux-mêmes. Ils sont prêts à faire des sacrifices. Dans maints endroits, ils ont planté le pin et le chêne. Mais la chèvre, la charmante et capricieuse chèvre noire qui circule partout, sur les pentes rocheuses broute les jeunes pousses, ruine toutes les plantations.

Pour l'empêcher de continuer ses méfaits, Weygand délimita les pacages où elle pourrait être conduite. Il reçut tant de réclamations de la part des propriétaires de chèvres, qui, invoquant les principes wilsoniens, l'autorité de la Société des Nations, que sais-je encore ? protestèrent contre cette atteinte à la liberté individuelle, qu'il dut restituer ses privilèges à Amalthée.

Le Liban restera déboisé comme les environs d'Alexandrette resteront marécageux !…

*
* *

Quels griefs les Syriens articulent-ils encore contre nous ?

Voici le plus grave : ils nous accusent de les avoir ruinés. Avant notre arrivée, ils usaient, pour leurs transactions, de la livre ottomane papier mais surtout de la livre turque or et de la livre égyptienne.

Nous résolûmes de créer la piastre syrienne que nous assimilâmes à notre franc dont elle devait suivre la fortune[26].

[26] L'arrêté par lequel, à la date du 21 janvier 1921, M. Robert de Caix décida la création de la monnaie syrienne comporte notamment deux articles :

« Art. 2. — Toute dette, billet, effet de commerce, dépôt de toute nature antérieurs au 26 novembre 1918, stipulant le paiement en monnaie étrangère ou en espèces métalliques étrangères, seront remboursables en monnaie ayant, de par la législation de l'État qui les a émis, cours légal et libératoire à l'intérieur de son territoire.

« Art. 3. — Toute dette, billet, effet de commerce, dépôt de toute nature antérieurs au 26 Novembre 1918, stipulant le paiement en livres turques papier et espèces, sera converti en monnaie syrienne à la valeur de 1 dollar 50 au cours du jour de la date du présent arrêté, soit 112 piastres syriennes 50 par livre turque stipulée. »

On accordait donc à cent-douze piastres syriennes cinquante, c'est-à-dire exactement à vingt-deux francs dix de notre monnaie, la valeur d'une livre turque or.

Par suite de la dépréciation de notre monnaie, celle-ci cote aujourd'hui 135 francs.

Si nous voulons mesurer le tort que nous avons causé au pays en créant la piastre, à quoi nous donnions un cours légal et libératoire, il suffit de nous rappeler ce que le franc valait par rapport au dollar le 21 janvier 1921 et ce qu'il est devenu depuis…

— Sans vous, nous disent les Syriens, nous userions encore de la livre turque or et de la livre égyptienne. Nous serions riches. Vous avez fait de nous des pauvres.

Que leur répondre ?

Ils ajoutent :

— Nous possédions en dépôt dans les banques des monnaies saines qui, du jour au lendemain, furent, par votre ordre, converties en une devise qui, par la suite, devait s'avilir en même temps que la vôtre. Comment ne vous accuserions-nous point d'avoir ordonné cette conversion à votre profit, pour rafler nos monnaies d'or, nos livres, nos dollars dont votre Trésor avait un si impérieux besoin ? »

Le moyen de faire comprendre à ces plaignants que, si certaines banques profitèrent, en effet, de l'opération, l'État français n'y trouva nul profit ?

Les Syriens disent encore :

« Qu'avez-vous fait pour l'éveil économique du pays ? Rien ou si peu de chose ! Où sont vos grands travaux d'utilité publique ? Nous les cherchons en vain. Nous manquons de routes, de ports, de chemins de fer[27] ; des milliers de maisons sont à reconstruire dans nos villes… Ah ! comme vous auriez pu entreprendre de belles choses ! Et l'ouverture d'importants chantiers aurait présenté un autre avantage. Elle aurait privé la révolte de tous les auxiliaires que celle-ci recrute parmi les sans-travail et qui vont à la guerre parce qu'elle nourrit son homme. »

[27] Il suffirait de relier Tripoli à Haïffa, c'est-à-dire de construire une voie ferrée de 200 kilomètres pour qu'il soit possible d'aller de Paris au Caire en wagon-lit.

Oui, ce pays était et demeure pour notre commerce, notre industrie, nos sociétés d'entreprises un magnifique champ d'action.

Mais il offre d'autres possibilités encore. Il a son Nil. Et c'est l'Euphrate.

De Djerablous à Abou-Kemal, de la frontière anatolienne à la frontière irakienne, sur plus de cinq cents kilomètres, l'immense fleuve roule ses flots à travers la Syrie. Qu'on fasse pour lui ce qu'on fit jadis pour le Nil, qu'on l'endigue, qu'on coupe son cours par des barrages, qu'on en déverse les eaux sur les rives et qu'on les fasse courir en d'innombrables canaux sur la plaine ! Ce que nous appelons aujourd'hui le désert et qui, en vérité, est une terre engourdie par la sécheresse, s'éveillera, redeviendra un éden, les arbres fruitiers y prospéreront comme dans les légendaires jardins de Damas et de Saïda. Les céréales seront rivales des plus belles, la qualité du coton supérieure à celle que produit l'Égypte.

Les mêmes eaux fourniront la force et la lumière électriques à toute la Syrie, à tout le Liban, et, si besoin est, aux pays voisins.

Vision utopique ? Rêve ? Non. Certitude. Certitude acquise par tous les ingénieurs, tous les agronomes qui sont allés jusqu'à l'Euphrate, l'ont vu porter vers la mer l'énorme volume de ses eaux[28] et dont les expériences donnèrent des résultats qui passèrent les plus optimistes espoirs.

[28] 518.400.000 mètres cubes par 24 heures en période de crue normale. Un barrage établi en amont de Meskéné et dont la construction ne présenterait aucune difficulté, permettrait la création d'une station hydro-électrique de 50.000 C.V.

*
* *

Nous n'avons eu ni une politique de l'Arménien, ni une politique de la chèvre, ni une politique de l'Euphrate, c'est-à-dire de l'arbre fruitier, des céréales, du coton et du mouton…

Elle est très grave cette question du mouton syrien. Elle mérite qu'on s'y arrête.

La tribu bédouine, à la recherche d'herbe pour ses troupeaux, parcourt sans répit d'immenses espaces. Le sol qui n'appartient à personne est-il stérile ? Les bêtes sont poussées sur les terres cultivées par les populations villageoises. Elles y détruisent la récolte. Rixes et batailles sont inévitables. A chaque changement de saison, elles se produisent. Une partie de notre armée est occupée à rétablir l'ordre entre sédentaires et nomades.

Le projet relatif à l'aménagement de l'Euphrate prévoit la création de pâturages où le Bédouin pourra installer ses moutons, abandonner celte vie errante qui, sans doute, a de l'attrait à ses yeux, mais à laquelle il renoncera le jour où il aura compris qu'en se fixant il diminuera sa peine et augmentera son profit puisque, de toute évidence, son troupeau, dont il perd aujourd'hui la moitié sur les pistes du désert, deviendra plus nombreux.

L'Euphrate aura fait un don inappréciable à la Syrie et, de surcroît, il aura supprimé sur une vaste étendue du territoire une cause de trouble.

*

* *

Comme l'Égyptien, davantage encore, le Syrien est âpre au gain. S'il aime jusqu'à l'excès, jusqu'à la manie la politique, l'intrigue, l'agitation, c'est, en partie, parce qu'il est oisif et pauvre. Que son pays, irrigué par le grand fleuve, prenne l'aspect du Delta, le Syrien comblé des dons de la fortune oubliera bientôt les rêves dans lesquels il se complaît, qui l'énervent, l'irritent et le stérilisent.

Et si ce sont les Français qui, par leur industrie, ont fait de lui l'égal de son cousin du Caire ou d'Alexandrie, encore qu'il soit, de nature, peu enclin à la gratitude, peut-être nous en accordera-t-il les apparences.

Peut-être nous autorisera-t-il, pour récupérer les milliards que nous avons décaissés, à prendre une partie des richesses que nous aurons créées.

Mais pour que nous puissions mettre la Syrie en œuvre, il faut que le calme et la sécurité y règnent.

Sommes-nous capables d'inaugurer une politique permettant d'obtenir ce résultat ?

Et le voulons-nous ?

X
Faut-il partir, rester ?...

Il serait vain, il serait puéril de le nier : nous n'avons pas réussi en Syrie. Après six années de tutelle, nous ne sommes arrivés ni à nous faire craindre, — ce qui est un moyen de gouvernement, — ni à nous faire aimer, — ce qui en est un meilleur, — ni à gagner l'estime de nos pupilles sur le compte desquels, de notre côté, nous avons perdu bien des illusions.

Nous les avons déçus. Ils nous ont lassés.

Mélancolique bilan !

La charge que nous avons assumée devant la Société des Nations et qui consiste à assister les Syriens, à les conseiller, à les conduire jusqu'à leur majorité était-elle aisée ?

Certes non. En ce pays d'embûches et de chausse-trappes, dont les fils, si turbulents, si divisés, sont plus épris encore de discussion et d'agitation que de bonheur, en ce pays où naissent et se développent tant d'ambitions, où les partis, comme les religions, se désagrègent et se décomposent sans cesse pour se reconstituer sous d'autres formes, où, enfin, le Sage, le Juste, le Très Bon lui-même — l'expérience est faite depuis des siècles — se heurtent à l'incompréhension des hommes et ne sont payés que par leur ingratitude, toute tâche est difficile.

Surtout quand elle est de la nature de celle qui nous échéait.

Oh ! sans doute, une autre nation que la nôtre, si elle se fût trouvée à notre place, eût connu les mêmes soucis, soulevé les mêmes mécontentements, donné aux populations les mêmes motifs ou les mêmes prétextes de se plaindre. Car on n'imagine pas très bien les Syriens se déclarant satisfaits de la loi qu'on leur impose et de ceux qui l'appliquent.

Et, sans doute, cette puissance eût-elle été combattue, à l'intérieur et de l'extérieur par les mêmes hommes, les mêmes organisations que nous voyons aujourd'hui dressés devant nous.

Mais cette constatation ne peut que nous consoler — très faiblement — de nos déboires dans l'accomplissement d'une mission qui, ne nous ayant rien rapporté, nous a coûté tant d'argent, tant de précieuses vies humaines et tant de prestige.

Un ancien président du Conseil, à qui un témoin de ce qui se passe au Levant exposait la situation, s'écriait en prenant dans ses mains sa tête lourde de science :

— Ah ! si nous pouvions nous retirer de la Syrie sur la pointe des pieds et sans que personne ne le sût !...

Ce ministre exprimait, dans le privé, l'opinion de beaucoup de Français — peut-être même de la majorité des Français.

Eh bien, cette politique de renoncement, d'abdication, il n'est plus de notre dignité d'y consentir.

Quelle serait notre situation dans la Méditerranée, et sur la route des Indes si nous abandonnions la Syrie avant d'avoir signé avec elle certains traités, certaines conventions ?...

Outre que, en nous rembarquant nous avouerions notre échec, notre impuissance, nous ruinerions notre influence dans le Proche-Orient. Du même coup, nous accroîtrions celle de l'Angleterre et de l'Italie qui ne manqueraient pas, au lendemain du jour où nous aurions résigné notre mandat, de se présenter devant la Société des Nations pour recueillir notre succession.

Or, l'Angleterre est installée à Gibraltar, à Chypre, à Malte, à Alexandrie, sur le canal de Suez, en Mésopotamie, en Palestine, en Irak.

Et l'Italie, dont nous connaissons le robuste appétit, qui escompte bien que le statut du Dodécanèse sera réglé en sa faveur, et qui se livre, dans toute l'étendue des territoires placés sous notre mandat, à une active propagande, l'Italie convoite déjà Smyrne !...

Mais, si nous voulons demeurer, il nous faut, de bonne foi, reconnaître nos erreurs et réparer celles qui peuvent l'être encore.

Jusqu'ici, nous avons fait la politique de la minorité. Elle nous a rapporté la révolte, la guerre. Inaugurons la politique de la majorité, une politique musulmane. C'est à ce prix, à ce prix seulement, que nous rétablirons la paix et recouvrerons notre prestige perdu.

Certes, il ne saurait être question de renier nos traditions dans le Levant, de n'y plus être, pour le chrétien, l'ami que nous fûmes pendant des siècles[29]. Mais s'il continue de mériter notre sollicitude, rien ne justifie les faveurs dont nous l'avons si imprudemment comblé, le jour que, pour satisfaire à son orgueil, nous avons intégré à son patrimoine des terres arrachées au patrimoine d'autrui.

[29] Comment pourrions-nous oublier l'œuvre admirable de nos religieuses et de nos religieux, des Lazaristes, notamment, qui, au prix d'immenses efforts, avec un dévouement et une abnégation auxquels on ne

rendra jamais assez hommage, ont répandu notre langue dans tout le bassin de la Méditerranée orientale.

Ce ne serait point le molester que de donner à son domaine des limites raisonnables, réparant ainsi une injustice dont nous portons la responsabilité et qui est à l'origine de nos malheurs.

Cette mesure, strictement équitable, qui serait un acheminement vers l'unité syrienne, qu'on nous réclame avec tant de force, calmerait les esprits, ramènerait à nous les éléments sérieux et sains du pays. Au lieu de continuer à pactiser avec les professionnels de l'intrigue et de l'agitation, les aventuriers, les ambitieux et tous nos ennemis de l'extérieur, dont ils sont devenus, artificiellement et poussés par le désespoir, les alliés temporaires, ils se rallieraient à nous, travailleraient à nos côtés pour le bien de la Syrie.

Les chrétiens libanais, leurs pasteurs-politiciens, surtout, protesteraient.

Il faudrait les laisser protester et, pour soustraire le Haut-Commissariat à leurs récriminations, à leur influence, à leurs intrigues, le transférer de Beyrouth à Damas, au cœur même de la Syrie. Car Beyrouth cache le Liban et le Liban cache la Syrie.

Si nous avons essuyé un si grand nombre d'échecs dans ce pays, c'est que nous ne l'avons pas compris, c'est que, jamais, nous n'avons entendu sa voix, ni perçu les pulsations de son sang.

C'est seulement à Damas que nous y parviendrons.

Ayant restitué à la vraie Syrie les casas et les régions côtières dont nous l'avons amputée, ayant mis notre administration centrale en mesure de la comprendre enfin, nous n'aurons pas accompli encore toute notre tâche.

Il nous restera à réformer un système monétaire désastreux, interdisant aux Syriens toute transaction commerciale avec leurs voisins et à les débarrasser de l'armée des fonctionnaires de tous ordres que nous avons installés chez eux. Médiocres en général, ces commis qui, en France, occuperaient des postes infimes, reçoivent en Syrie des émoluments considérables et y font figure de potentats !

Les Syriens, à qui, je l'ai dit sans ambages et parfois même avec verdeur, certains graves défauts n'ont pas été épargnés par les dieux, sont gens évolués. Ils apprécient à leur juste valeur, qui est mince, ces instituteurs, ces sous-préfets, ces agents subalternes de différents ministères que nous leur avons donnés pour maîtres. Les plus indulgents en sourient. Les plus ardents se sont révoltés contre eux. Tous en sont las et demandent leur départ.

Par contre, ils entourent de considération, de respect, d'admiration ceux des nôtres chez qui ils reconnaissent une supériorité. Certains les ont parfois traités durement, très durement même. Deux ou trois leur furent impitoyables. Mais ils ont réalisé. Ils ont fait œuvre utile. Leur réputation s'est répandue jusqu'au désert sous la tente rapiécée du Bédouin. On les craint, mais on les estime. C'est le secret de l'autorité en Orient.

— Donnez-nous des hommes de cette classe, de cette valeur et qui seront nos conseillers, pour nous enseigner ce que nous ignorons, pour nous aider à nous administrer, à nous gouverner, nous disent les Syriens.

« Mais rapatriez tous ces petits fonctionnaires dont il semble que vous ayez voulu vous débarrasser en nous les imposant. Nous n'aurons aucune peine à les remplacer. Ce dont nous sommes certains, c'est que nous ne trouverons pas plus mal chez nous. Et, du moins, leurs successeurs auront, à nos yeux, trois avantages : ils ne nous témoigneront pas leur mépris, ils parleront notre langue et nous les paierons moins cher. »

*
* *

Tels Français, militaires et civils, sont arrivés dans le Levant avec la conception que nous devions nous y appuyer sur le chrétien. A leurs yeux, les autres éléments de la population ne constituaient qu'une masse négligeable, une masse amorphe, que nous pouvions traiter à notre gré, sans nous soucier de son opinion, de ses susceptibilités, de ses aspirations.

C'était une illusion. La dangereuse illusion. Nous savons ce qu'elle nous a coûté.

D'autres, dans ce pays de grande propriété, où, même chez les chrétiens, subsiste le régime féodal, d'autres ont voulu instituer brutalement une sorte de régime démocratique.

Ce fut une erreur encore. La Syrie n'est point mûre, elle ne sera pas mûre avant un siècle peut-être pour la démocratie.

Davantage, l'immense majorité de ses habitants, majorité où se confondent les élites et les masses, aspire à vivre sous un prince qui régnerait à Damas et, sous notre égide, de concert avec nos représentants, assisté de nos conseillers techniques, gouvernerait le pays, exception faite du Liban qui jouirait d'un statut particulier.

Profondément hiérarchisés, très impressionnés par certains titres, certaines dignités, les Syriens seraient flattés de devenir les sujets d'un personnage jouissant du double prestige que confèrent la naissance et la richesse. Ils se soumettraient avec d'autant plus d'enthousiasme à sa loi, à son autorité qu'ils ne ressentiraient plus l'humiliation d'être colonisés par l'étranger.

Aurions-nous licence de souscrire à ce vœu s'il était reconnu qu'en agissant ainsi nous pourrions remplir notre mission, être enfin dédommagés de nos soucis, de nos déboires et remboursés de nos pertes ?

Rien ne s'y oppose. Et, d'ailleurs, l'Angleterre, à qui cette politique n'a pas si mal réussi, l'Angleterre dont le prestige s'accrut alors que la nôtre diminuait, n'a-t-elle pas créé un précédent en installant des rois dans les États, commis à son mandat et dont les Syriens envient le sort ?...

Est-ce parce que nous sommes en République que nous aurions scrupule à créer un royaume dans un pays qui ne nous appartient point, sur lequel nous n'avons reçu qu'une mission temporaire et dont il semble bien que les habitants réclament cette forme de gouvernement ?

Est-ce qu'après avoir rendu les Syriens témoins et victimes de nos discussions intestines nous allons continuer à exporter chez eux, contre leur gré, nos conceptions sociales ? Est-ce que nous allons, parce que c'est un régime qui nous est cher, leur imposer la République et, ainsi que Sarrail en avait le dessein, créer dans leurs principales villes des sections de la Ligue des Droits de l'Homme ?

Ils veulent un prince ? Donnons-leur un prince après avoir, comme il se doit, pris nos précautions et obtenu toutes garanties du personnage sur le front duquel descendra la couronne des rois de Syrie.

Beaucoup sont ou seraient candidats. Je crois savoir que certain duc français lorgne du côté du pays, où ses pères, les Croisés, se couvrirent d'une gloire immortelle et vers lequel l'une de ses parentes cingle, périodiquement, pour mener en sa faveur une active propagande.

Je n'ignore pas qu'à Damas deux notables, dont l'un d'origine algérienne, n'attendent qu'un signe pour se mettre sur les rangs et qu'à Beyrouth le fils d'un très haut dignitaire de l'Islam est leur compétiteur. Et je ne vous ai point celé qu'en son palais somptueux de Gezireh, au bord du Nil, le président du Comité syro-palestinien, l'émir Michel Lotfallah, puisque, une fois encore, il faut l'appeler par son nom et lui donner son titre de pacotille, s'abandonne avec délices au rêve de fonder une dynastie — la dynastie des Lotfallah de Fagallah — et de régner sur un pays qu'il a si grandement contribué, par ses intrigues, par son argent, à mettre à feu et à sang et dont il n'a peut-être pas perdu l'espérance de nous voir chasser par les bandes à sa solde.

Mais le duc français est catholique. Le pseudo-émir cairote est Grec orthodoxe. Les deux éventuels prétendants de Damas et celui de Beyrouth, s'ils sont, comme je n'ai aucune raison d'en douter, bons musulmans, ont-ils trouvé dans leurs berceaux assez de dinars d'or pour espérer tenir honorablement rang de monarques au pays des Mille et une Nuits, au pays où l'autorité sans le faste n'est qu'un leurre, une dérision et n'impressionne personne, ni le grand seigneur, ni le chef religieux, ni le lettré, ni même le bonhomme qui, son outre de peau de mouton ruisselante et gonflée sur les reins, parcourt les rues pour y vendre de l'eau ?

Si vraiment, après examen, nous décidons d'installer un roi à Damas, un roi musulman, bien entendu, choisissons-le doué d'un exceptionnel prestige : qu'il soit riche, très riche, moderne en ses conceptions et, s'il se peut, rompu aux affaires telles qu'on les pratique en Occident afin que, sous son règne, le pays prenne son essor économique.

Le portrait est composite. Il est séduisant. L'original doit pouvoir se découvrir. Peut-être n'est-il que de le chercher.

———

Six années durant, poursuivant une politique de mirage et d'illusions, nous avons erré, en Syrie, dans le Liban, en quête d'une vérité qui, toujours fuyante, nous entraînait sur des chemins où, nous blessant cruellement à toutes les pierres, à toutes les épines, nous n'avons trouvé que déboires et deuils.

La preuve est faite que nous nous sommes égarés. Revenons sur nos pas. Prenons d'autres voies. Sinon, si vraiment nous ne croyons pas pouvoir changer de conception et de méthode, n'allons pas plus avant. Nous avons versé assez de notre sang, dépensé assez de milliards dans cette aventure. Abandonnons Syriens et Libanais à leur sort, ou, du moins, à qui voudra assumer la charge de leur tutelle.

Et rentrons chez nous.

Pierre LA MAZIÈRE
a publié à la même librairie

J'AURAI UN BEL ENTERREMENT !

Que les plus grands écrivains et les critiques les plus sévères de ce temps ont loué en ces termes :

Tout cela est fort, sain, net, hardi et comble de louange vivant. Seuls comptent ceux qui étreignent leur temps à bras le corps. Pierre La Mazière est du nombre. — Henri BÉRAUD.

———

Voilà un bon et franc bouquin, le meilleur que j'aie lu depuis longtemps parmi ceux de la nouvelle génération d'écrivains. Il y a là de la vérité, de l'émotion et de la puissance. Enfin, c'est de quelqu'un dont je me souviendrai. — Paul BRULAT.

C'est un beau roman, courageux, hardi, une œuvre que je place sur le rayon de Vallès et de Mirbeau. — Gaston CHERAU.

La satire de Pierre La Mazière atteint une sorte de fureur grandiose d'autant plus émouvante qu'elle s'exprime avec plus de sérénité dans la certitude. — J. ERNEST-CHARLES (*Le Quotidien*).

D'une ironie tour à tour féroce et attendrie qui eût enchanté Mirbeau, riche de pages pathétiques et brillantes, l'œuvre de Pierre La Mazière est d'une grande puissance. — Charles DERENNES (*Bonsoir*).

L'ouvrage de Pierre La Mazière est solidement pensé, parfaitement composé, admirablement écrit. J'en rapprocherais volontiers la manière de celle d'un Mirbeau qui se posséderait ou mieux qu'aurait retouché Jules Renard. Une vision aiguë et nette, des raccourcis d'une puissance singulière. — André LICHTENBERGER (*La Victoire*).

Demain, peut-être, Pierre La Mazière méritera plus justement que beaucoup d'autres la grande notoriété. Il n'est, pour lui, qu'une chose à craindre, c'est que cette société si fidèlement dépeinte ne jette sur cette œuvre, qui durement la fouaille, le boisseau du silence. — Victor MARGUERITTE (*Le Peuple*).

Quel beau et bon livre, émouvant et fort !… — Georges DUHAMEL.

C'est une très belle chose, d'une implacable vérité, d'une force critique lucide, d'un style net, d'un accent de vérité qui saisit ; une œuvre courageuse et pleine d'enseignements dans son amertume infinie. — Camille MAUCLAIR.

Cet admirable livre si émouvant m'a parlé avec le naturel et le pathétique d'une voix humaine. Voilà qui dépasse la littérature. — Comtesse DE NOAILLES.

Ce très remarquable roman est d'un ton à la fois pathétique et satirique. Dénonçant avec la désinvolture la plus âpre les mœurs d'aujourd'hui, il est inspiré par le sentiment le plus simple et le plus droit de l'honnêteté et de la justice. — Les qualités esthétiques du style sont les mêmes que les qualités morales de l'auteur. — Gaston RAGEOT (*Le Gaulois*).

... Cet admirable *J'aurai un bel enterrement*... est une œuvre hardie et forte, quelque chose comme *Le Feu* démobilisé. — Paul REBOUX.

Un bien beau livre, poignant et âpre, qui, frôlant la haute comédie et le drame, est une énorme satire de ce triste monde. — SAINT-GEORGES DE BOUHELIER.

André Armandy	
Le Château de la Fée Morgane	8.25
Les Réprouvés	9.»
André Dahl	
Voyage autour de ma Loge (*60ᵉ mille*)	8.25
Ces Dames du 12 (*70ᵉ mille*)	8.25
Le Conteur est ouvert	8.25
Mon Curé chez Vautel	7.50
Maurice Dekobra	
Mon Cœur au Ralenti (*560ᵉ mille*)	9.»
La Madone des Sleepings (*520ᵉ mille*)	9.»
La Gondole aux Chimères (*315ᵉ mille*)	9.»
Minuit... Place Pigalle	8.25
Tu seras Courtisane	3.»
Rat-de-Cave Cambrioleur	2.50

Prince ou Pitre	3.»
Victor Forbin	
Le Secret de la Vie	8.25
La Fée des Neiges	8.25
Pierre La Mazière	
J'aurai un bel enterrement !... (*35e mille*)	8.25
L'Aventure Thermale (*10e mille*)	8.25
Gaston Leroux	
Le Fils de Trois Pères (*Hardigras*)	9.»
Le Coup d'État de Chéri-Bibi	9.»
Fernand Mysor	
Va'Hour l'illuminé	8.25
La Ville assassinée	8.25
Gabriel Reuillard	
Le Réprouvé	8.25
La Fille	8.25
L'Homme Nu	9.»
Gaston Riou	
Aux Écoutes de la France qui vient, *sur alfa*	12.»
Ellen et Jean (*60e mille*)	2.50
Ellen et Jean en Thébaïde	8.25
L'Après-Guerre	9.»
Antonin Seuhl	
Le Rayon de l'Amour	8.25

La Femme sans Voile	8.25